insel taschenbuch 4730
Dagmar von Gersdorff
Vaters Tochter

DAGMAR VON GERSDORFF

Vaters Tochter

Theodor Fontane und seine
Tochter Mete

Mit zahlreichen Abbildungen

INSEL VERLAG

Erste Auflage 2019
insel taschenbuch 4730
Originalausgabe
© Insel Verlag Berlin 2019
Alle Rechte vorbehalten, insbesondere das der Übersetzung,
des öffentlichen Vortrags sowie der Übertragung durch
Rundfunk und Fernsehen, auch einzelner Teile.
Kein Teil des Werkes darf in irgendeiner Form
(durch Fotografie, Mikrofilm oder andere Verfahren)
ohne schriftliche Genehmigung des Verlages reproduziert
oder unter Verwendung elektronischer Systeme verarbeitet,
vervielfältigt oder verbreitet werden.
Vertrieb durch den Suhrkamp Taschenbuch Verlag
Umschlag: Rothfos & Gabler, Hamburg
Umschlagfotos: Scherl/SZ Photo/Bridgeman Berlin (Theodor Fontane);
Privatbesitz, mit freundlicher Genehmigung (Martha Fontane)
Satz: Satz-Offizin Hümmer GmbH, Waldbüttelbrunn
Druck: CPI – Ebner & Spiegel, Ulm
Printed in Germany
ISBN 978-3-458-36430-6

Vaters Tochter

Theodor Fontane und seine Tochter Mete

Für Bernhard von Gersdorff

Inhalt

Das Rätsel Mete

Mit einer für ihn seltenen Ungeduld wartete Theodor Fontane in seiner Berliner Wohnung auf die Heimkehr von Tochter Martha. Sie war nach Rostock gereist, um ihre Herzensfreundin Lise Witte zu besuchen – die beiden jungen Damen waren seit Kinderzeiten ein Herz und eine Seele. Kein Zweifel, als Vater gönnte er ihr die wohlverdienten Ferien, aber schließlich sollte sie in wenigen Tagen ihre erste Stelle antreten! Daß sie davon nichts schrieb, war besorgniserregend.

Einen Vorwurf konnte man Mete allerdings nicht machen. Sie hatte das Königliche Lehrerinnenseminar mit Fleiß und Ausdauer zwei Jahre lang besucht und mit gutem Abschluß beendet. Eine Debatte über die Berufswahl hatte es freilich nie gegeben, warum auch, eine andere Tätigkeit kam ohnehin nicht in Frage. Für Mädchen gab es eben kein Gymnasium, kein Abitur und erst recht kein Studium. Doch er war überzeugt: Martha würde eine vorzügliche Lehrerin abgeben. Auch er war schließlich lange genug als Hauslehrer tätig gewesen, hatte den Wangenheim-Töchtern Deutsch und Geographie beigebracht und sich damit ein schönes Zubrot verdient.

Fontane war ungemein stolz auf seine kluge Tochter. Sie war erst achtzehn, und schon winkten berufliche Aussichten. Martha würde bei Familie Stockhausen, zu der er und seine Frau Emilie seit geraumer Zeit freundschaftliche Kontakte pflegten, als Erzieherin die Kinder betreuen. Zwar hatte er auch seine Vorbehalte – geschäftsmäßige Beziehungen unter Freunden hatte er noch nie gemocht. Was, wenn Mete sich dort auf Dauer nicht wohl fühlte? Seine Zweifel galten nicht der Person von Frau Stockhausen, die seit ihrem Einzug in Berlin zu Emilies engster Vertrauten geworden war, nein, der Hausherr war es, dessen arrogantes Wesen ihn störte, so daß er sich fragte, wie Mete im täglichen Zusammensein mit diesem eitlen Pfau zurechtkommen würde. Doch zu seiner Verwunderung schienen sich die beiden Mütter – Emilie Fontane und Clara Stockhausen – darüber keine Sorgen zu machen. Emilie empfand es sogar als besonderen Vorzug, ihre Tochter einem so hochgestellten Familienkreis anzuvertrauen. Das Ehepaar Stockhausen gebot durch sein kultiviertes Haus und den vornehmen gesellschaftlichen Rahmen über eine Welt, zu der die nicht eben verwöhnte Martha sonst kaum Zutritt erhalten würde.

Eine solche Welt konnte der Vater ihr bei allem guten Willen nicht bieten. Theodor Fontane war ein begnadeter Dichter, was er vor allem durch seine Balladen bewiesen hatte, die schon jetzt in den Schulbüchern zu finden waren. Doch große Erfolge oder gar ein bedeutendes Vermögen hatte er damit nicht erwerben können, im Gegenteil, lange hatten er und Emilie mit zwei kleinen Söhnen am Rande des Existenzminimums leben müssen. Inzwischen waren zwei weitere Kinder hinzugekommen, und er hatte eine Menge veröffentlicht: die *Wanderungen durch die Mark Brandenburg*, historische Aufsätze, den Bericht über seine französische Gefangenschaft und den Krieg mit Frankreich 1870/1871. Doch erst ein einziges größeres Werk war bisher erschienen, und auch das nur in Fortsetzungen: der Roman *Vor dem Sturm*. Großen Ruhm hatte er zu seiner Enttäuschung auch mit diesem historisch angelegten Roman nicht erlangt. Dabei war für einen Dichter nichts so wichtig wie Popularität und Erfolg. Als »freier Schriftsteller« ohne feste Anstellung ernährte er seine sechsköpfige Familie ausschließlich durch sein Schreiben – Reichtümer würde er damit wohl kaum anhäufen können. Es war seine tapfere Ehefrau, die diesen Zustand seit Jahren ertrug. Man konnte ihr die Vorwürfe, Tränen und Unkenrufe nicht übelnehmen, wenn auch Zutrauen und Geduld für seine Arbeit zweifellos hilfreicher gewesen wären.

Zum Glück gab es Mete. Die einzige Tochter, getauft auf die Namen *Martha Elisabeth,* war bei Frühlingsanfang am 21. März 1860 in Berlin zur Welt gekommen. Was für eine Freude: nach fünf Söhnen, von denen zwei am Leben geblieben waren, endlich eine Tochter! Ihre Geburt hatte noch in der Tempelhofer Straße stattgefunden, wo die Familie ein Haus »trockengewohnt« und der dreijährige Theo durch Staub und Schimmel eine Krankheit bekommen hatte. Bei der Geburt seines Ältesten hatte Fontane sich als frischgebackener Vater präsentiert. Doch »frischgebacken« war er keineswegs, sondern bereits Vater zweier unehelicher Kinder, die einem Verhältnis aus der Zeit entstammten, als er seine geliebte Emilie aus Geldmangel nicht heiraten konnte. Damals hatte der Zwanzigjährige dem Freund Bernhard von Lepel geklagt: »Meine Kinder fressen mir die Haare vom Kopf, eh die Welt weiß, daß ich überhaupt welche habe.« Fünf volle Jahre hatte die Verlobungszeit gedauert, bis er endlich am 16. Oktober 1850 die aparte Emilie Rouanet-Kummer zum Altar führen konnte. Dreizehn Monate später, im November 1851, war sein ältester Sohn zur Welt gekommen, George Fontane, den er sehr liebte. Die drei Buben, die ihm folgen – 1852 Rudolph, 1853 Peter Paul, 1855 Ulrich –, waren alle noch im Säuglingsalter dahingerafft worden. Nur Theo, der 1856 zur Welt kam, blieb am Leben. »Meine Jungen gedeihen«, meldete Emilie damals ihrer Stiefmutter Bertha Kummer, als George und Theo gesund heranwuchsen, aber sie sei doch froh, »daß sich ihnen kein Schwesterchen zugesellt hat«. Der Vater war anderer Meinung. Längst hatte er sich ein Mädchen gewünscht – nun war es da! Es herrschte jedoch in pekuniärer Hinsicht ein solcher Mangel, daß Emilie ihrer Mutter bekennen mußte, sie besitze »weder Windel noch Hemdchen noch sonstwas«.[1] Sie waren arm. Fontane machte sogar vor der Geburt den absonderlichen Vorschlag, das angekündigte Kind »zu anderen Leuten zu tun«.

Dazu kam es zum Glück nicht, und die Kleine gedieh prächtig. Vier Jahre nach Martha gesellte sich 1864 ein viertes Kind hinzu, der Sohn Friedrich, genannt Friedel. Liebling des Vaters aber war und blieb die Tochter. »Mäte« war der Name, den sie sich selbst gab, daraus war bald *Mete* entstanden. Mit ihrem wachen Blick aus großen Augen und ihrer rührend schmalen Gestalt war sie eine Augenweide, überdies in jeder Hinsicht ganz sein Kind, zumal als sie die ersten Sätze plapperte. Sie wuchs ihm so ans Herz, daß er sie schon vermißte, als Emilie mit der Zweijährigen zu ihrer Jugendfreundin Johanna Treutler aufs Land fuhr. »Küsse meinen Liebling, die wilde Range (schreibe mir auch immer von ihr)«, verlangte er. (30.6.1862)

Der Kommerzienrat und erfolgreiche Zuckerfabrikant Georg Friedrich Treutler und seine Frau Johanna, die ein Schloß bei Liegnitz bewohnten, boten Mutter und Tochter Jahr für Jahr ein angenehmes Feriendomizil. Emilie hielt sich regelmäßig viele Wochen bei Treutlers auf, und so war es nicht verwunderlich, daß auch Martha den Aufenthalt auf dem Gutsgelände der Enge einer Berliner Stadtwohnung vorzog. Sie war als Kind schwer zu bändigen, ohne Schläge wurde die Mutter mit ihren Unarten nicht fertig – und Unarten hielten Emilies Nerven nicht aus. Die Prügel mit der Rute blieben Martha in unguter Erinnerung; später hatte sie das Gefühl, von der Mutter nicht gemocht zu sein. Die Zuneigung des Vaters aber spürte sie von Anfang an. Henriette von Merckel, die gute Freundin des Hauses, fand sie wild und unberechenbar »wie Quecksilber«; Fontane nannte sie einen »Springhasen«. Immerhin: für ihre erste photographische Aufnahme in einem Berliner Atelier stand die Sechsjährige mit Buch und Puppe unbeweglich auf einem Stuhl, und in Abwesenheit der Mutter machte sie sich schön für einen Kindergeburtstag, »ganz in Weiß mit breiter roter Schärpe, halb Prinzessin, halb Köchin«, wobei Fontane lachend meinte, sie werde die Prinzessin wohl vorziehen. (2.11.1868)[2]

Da die Zukunft einer Tochter ungewisser war als die eines Sohnes, fassten die Eltern den Plan, Martha nach London in die Obhut ihrer Patin Martha Merington zu geben. Es sei »ein wohlüberlebter und wohlgereifter Entschluß«, versicherte Fontane seiner alten Freundin Mathilde von Rohr. »Da wir unsren Kindern sonst nichts hinterlassen können«, sei Sprachkenntnis ein Kapital, von dem sie später zehren könne.[3] Emilie brachte die Tochter persönlich nach England. Daß sie die Zehnjährige ohne Skrupel weggab, kann auch als Zeichen dafür gelten, daß ihr der Sechspersonenhaushalt über den Kopf wuchs. Sie war wochenlang krank gewesen und froh, ab Ostern 1870 ein Kind weniger versorgen zu müssen. Die befreundete Emily Merington freute sich auf die Kleine, die zur Spielgefährtin ihrer gleichaltrigen Tochter wurde. »Daß Mete so einschlägt, ist mir eine besondere Freude, sie ist ein apartes Kind, in gewissem Sinne ein Angstkind; alles wird davon abhängen, in welche Hände sie gerät«, schrieb Fontane der Gastmutter. Das Wort vom »Angstkind« fiel hier zum ersten Mal. Es sollte sich als prophetisch erweisen. Martha war sehr sensibel, man sah und spürte förmlich, wie sie alles in sich aufnahm und einsog, wie sie mit wachem Blick Menschen und Dinge beobachtete und überdachte. Der Vater hatte Angst um sie.

Kurz bevor Mutter und Tochter nach England reisten, hatte Fontane nach langer Arbeitslosigkeit endlich eine passende Anstellung bei der konservativen *Kreuzzeitung* erhalten. Niemand war darüber so glücklich wie die sorgende Hausfrau, die nach Jahren des finanziellen Mangels endlich mit einem geregelten Einkommen rechnen konnte. Doch welcher Schock, als sie aus England zurückkam und erfuhr, daß Fontane die Stelle gekündigt hatte, um in

Zukunft als freier Schriftsteller Geld zu verdienen. Die Nachricht war niederschmetternd. Emilie war nicht die Frau, einen solchen Wahnsinn ruhig hinzunehmen – sie war außer sich. Der Streit hielt wochenlang vor und war so bedrückend, daß Fontane Fräulein von Rohr um Vermittlung bat.

Er war ungemein fleißig, arbeitete am dritten Band der *Wanderungen durch die Mark Brandenburg* und zugleich an seinem *Kriegsbuch* mit dem Titel *Wanderungen durch Frankreich*. Als er bei einer Erkundungsfahrt als »Spion« in französische Gefangenschaft geriet, wobei ihn erst eine diplomatische Intervention Bismarcks vor der Erschießung rettete, fügte er dem Text einen sehr privaten Ausspruch hinzu – die geheime Liebeserklärung an die Tochter. Er sah, als Gefängnisinsasse auf die brennenden Holzscheite des Kamins blickend, »die großen klugen Augen meines Lieblings« vor sich.[4] Dieser ihr allein gewidmete, zugleich wehmütige und liebevolle Satz machte auf Martha, als sie ihn mit freudigem Erstaunen las, den größten Eindruck. Sie war ungeheuer stolz und zukünftig bereit, der schönen Vorstellung des Vaters unbedingt zu entsprechen.

Nach einjährigem Aufenthalt in London, der sie sprachlich zu einer perfekten kleinen Engländerin machte, kehrte die elfjährige Martha nach Berlin zurück. Emilie scheint, als sie ihre Tochter vor sich sah, von ihrem Aussehen enttäuscht gewesen zu sein. Fontane antwortete ihr am 8. Mai 1871 aus Metz: »Grüße mir meinen Liebling. Wenn sie nicht schön wird (eine Hoffnung, die man nun wohl aufgeben muß), muß es auch so gehen.« Die Vorstellung, daß die einzige Tochter »nicht schön wird«, muß für die Mutter eine bittere Pille gewesen sein. Der Vater sah die Sache indessen mit heiterer Gelassenheit. Bei einer Frau spiele doch etwas anderes eine viel wichtigere Rolle, meinte er, nämlich die Liebe.

3

Nach Marthas Heimkehr aus England zog Familie Fontane erneut um, und zwar in ein Mietshaus, das in der Potsdamer Straße 134c nahe dem Landwehrkanal stand und Eigentum des Johanniterordens war. Die Vierzimmerwohnung mit einem sogenannten »Berliner Zimmer« lag im dritten Stock, was in der guten Gesellschaft als wenig feine Adresse galt. Man richtete sich den Umständen entsprechend ein. Der wichtigste Raum war das Arbeitszimmer des Schriftstellers, das laut Martha bewacht werden mußte »wie der Eingang zur Unterwelt«. Es war ausgerüstet mit einem sehr großen Schreibtisch, welchen Fontane seinem Freund Wilhelm Lübke abgekauft hatte, einer Lampe mit grünem Schirm, einer antiken Familienuhr, friderizianischen Stichen und Marmorbüsten auf den Bücherschränken. Sohn Friedrich hat später ein anschauliches Bild der väterlichen Einrichtung überliefert. Das Grün der Arbeitslampe galt nicht nur als augenschonend, es hieß auch, ihr Licht übe eine positive Wirkung aus. Für Martha bedeuteten Lampe und Schreibtisch Heimat und Geborgenheit.

Sie besuchte seit ihrer Rückkehr eine private Mädchenschule, in der sie mühelos mitkam und in Schulkameradin Marie Schreiner ihre beste Freundin fand. »Mir war es die schönste Zeit meines Lebens«, erklärte sie später. (17.5.1906) An einem Nachmittag in der Woche ging sie überdies zu zwei älteren Damen, den Schwestern Albrecht, die ihr in gemeinsamer Lektüre klassische Dramen, Shakespeares *Hamlet*, Lessings *Emilia Galotti* und Goethes *Faust* nahebrachten. Mit fünfzehn Jahren erhielt sie zusammen mit den Brüdern Tanzunterricht, voll Stolz erlebte sie mit dem neunzehnjährigen Theo ihren ersten Ball. In einem Brief an Mathilde von Rohr entwarf Fontane ein liebevolles Familienporträt. »Im Nebenzimmer – die Tür weit offen – sitzen Frau und drei Kinder: George, Theo und Martha, und spielen Whist, ein Spiel, für das

sie alle vier eine mir unbegreifliche Vorliebe haben.« Währenddessen hatte Fontane eine Stelle angenommen, die ihm wie auf den
Leib geschrieben schien: Er wurde Theaterkritiker bei der *Vossischen
Zeitung*, eine Aufgabe, die seinen Fähigkeiten entsprach und außerdem – kein unwesentlicher Punkt – ein kleines, aber festes Einkommen bedeutete. Leben konnte man davon allerdings nicht, so
daß er einmal sarkastisch meinte: »Aber die guten Herren glauben
immer, daß wenn sie einem das Salz aufs Brot bezahlen, sie hätten
einen königlich belohnt.« (21. 7. 1884) Sein Platz im Königlichen
Schauspielhaus auf dem Gendarmenmarkt war der Eckplatz Nr. 23.
In den zwanzig Jahren zwischen 1876 und 1896 hat Fontane für
die »Vossische« rund 800 Rezensionen verfaßt.[5]

Martha war sechzehn, als eine glückliche Nachricht die Familie
bewegte: dem Vater war endlich eine feste Anstellung an der Akademie der Künste angeboten worden, eine Tätigkeit, von der die unter dem notorischen Geldmangel leidende Mutter mit Recht an-
nahm, daß sie seinen Vorstellungen aufs schönste entsprach. Sie sah
sich durch diesen erfreulichen Schritt endgültig ihrer Sorgen ent-
hoben. Doch schon nach drei Monaten erschütterte die Hiobsbotschaft das Familiengefüge: Fontane hatte seine Stelle wieder-
um aus freien Stücken gekündigt! Der Streit im Hause muß fürch-
terlich gewesen sein. Die verärgerten Briefe des gescholtenen Ehemannes an seine aufgebrachte Ehefrau sind erhalten geblieben und
bezeugen die erbitterte Auseinandersetzung. »Meine liebe Frau …
Du reizt mich bis aufs Blut und wunderst Dich hinterher, wenn
ich heftig und bitter werde …« Sie sei doch wohl nicht so tief
gesunken, daß sie ihr Glück »nach der Zahl der Geldrollen« be-
messe. Empört vermerkte er, in welchem Paradies sie bei ihm lebe. »Du bist eine durch Deinen Mann, Deine Kinder, Deinen Le-
bensgang und Deine Lebensstellung unendlich bevorzugte Frau.
Es gibt wenige, die es so gut getroffen haben.« An Selbstbewußt-

sein schien es ihm nicht zu mangeln. Ihre vordringliche Aufgabe sei es, ihn »schwimmfähig zu erhalten« und ihn zu unterstützen, anstatt ihn mit der Faust niederzudrücken. (15.8.1876).

Seine Zurechtweisungen mußten Emilie empören. Schließlich hatte er nicht irgendeine untergeordnete Stelle gekündigt, sondern das Amt des Ersten Sekretärs der Königlichen Akademie der Künste zu Berlin verschmäht, eine Position, die ihm unter dem Präsidenten Anton von Werner ein gutes Auskommen und eine ehrenvolle Beamtenstellung auf Lebenszeit eingebracht hätte! Mit einem einzigen Federstrich setzte er die finanzielle Grundlage der Familie aufs Spiel! Dennoch war er nicht gesonnen, sich länger zu verteidigen. Solche Auseinandersetzungen lähmten ihn bei der Arbeit und änderten nichts. Fontane war um Aussöhnung bemüht. »Ich erwarte Dich mit alter Liebe, die ich immer für Dich in meinem Herzen habe, auch wenn ich Dir die bittersten Dinge sage … Denn die Zuneigung ist etwas Rätselvolles, die mit der Gutheißung dessen, was der andre tut, in keinem notwendigen Zusammenhange steht«, schrieb er, nachdem Emilie im Zorn abgereist war. »Du wirst, bei Deiner Rückkehr, mir gleich zeigen können, ob ich noch wieder auf friedliche, glückliche Tage rechnen kann oder nicht.« Ob auch ihr glückliche Tage beschieden sein würden, schien nicht von Bedeutung. »Egoistisch bin ich, aber nicht lieblos«, merkte er freimütig an.

Liebenswürdig war er. Doch diesmal empörte sich Emilie mit Recht über die einsame Entscheidung des Gatten, der es nicht für nötig hielt, sie überhaupt von seiner Entscheidung in Kenntnis zu setzen. Davon gänzlich unberührt, vertrat der Dichter seine eigene Meinung. Aus den Ferien in Thale schrieb er: »Ich kann mir nicht helfen, ich finde Geld, so lange man genug zu bescheiden-anständigem Leben hat, gleichgültig; selbst die unzweifelhafte Machtstellung, die es gibt, imponiert mir nicht.« (12.6.1884)

Auch Mathilde von Rohr erfuhr von seinem Ärger. Bei ihr, der neun Jahre älteren Freundin, konnte er immer auf Verständnis hoffen. Emilie sei im Streit abgereist, schrieb er – über ihren Charakter herrsche indes kein Zweifel. »Sie wäre eine vorzügliche Prediger- oder Beamtenfrau in einer gut und sicher dotierten Stelle geworden; auf eine Schriftstellerexistenz … ist sie nicht eingerichtet«, und leider besitze sie nicht die Gabe, ihm als Ertrinkendem »ihre Hand rettend unterzuschieben«, sondern lege sie ihm »wie einen Stein auf meine Schulter«. Die »Geldfrage« sei ein Unglück. Wäre er reich, wäre alles anders, zumal Emilie eigentlich große Vorzüge habe »und in vielen Stücken vorzüglich zu mir paßt«. (22.8. 1876)

Mathilde von Rohr war Fontanes Vertrauensperson und Ratgeberin. Bei niemandem sonst konnte er sich so rückhaltlos äußern. Die Bekanntschaft mit ihr war durch Freund Bernhard von Lepel entstanden zu einer Zeit, als Fräulein von Rohr noch in der Behrenstraße einen literarischen Zirkel führte. Auch nachdem sie als Stiftsdame in das mecklenburgische Kloster Dobbertin eingezogen war, blieb die Freundschaft bestehen. Oft schon hatte er von ihren Kenntnissen und vielfältigen Beziehungen zu den umliegenden Schloß- und Gutsbesitzern profitiert: »Ein Dutzend der lesbarsten Kapitel in meinen *Wanderungen* verdanke ich ihrem nie rastenden Eifer«, bestätigte er, »den Stoff zu meinem kleinen Roman *Schach von Wuthenow* habe ich mit allen Details von ihr erhalten.« Ihre Gestalt findet sich im *Stechlin* als Domina des Klosters Wutz, eine poetisch verklärte Version des Klosters Dobbertin, in dem er und seine Tochter die »glücklichsten Plauderstunden« verbrachten. Emilie werde mit der Zeit ruhiger werden, versicherte er ihr: »Es ist ganz und gar eine Geldfrage.«

Die Szenen, die sich zwischen den Eltern abspielten, blieben der Tochter nicht verborgen. Sie war bei Wittes in Rostock zu Besuch, als der Vater sie schriftlich ins Vertrauen zog. »Meine liebe süße Mete« – eine solche Anrede machte sie glücklich. »Übrigens werden wieder heitere Tage kommen; das Schlimmste, so hoff ich wenigstens, liegt hinter mir. Du wirst schon wissen, worauf sich dies bezieht ...« Martha wußte sehr wohl, worum es ging. Im Ehestreit suchte der Vater Unterstützung bei ihr. Sie begriff aber auch, daß fast jeder Konflikt zu seinen Gunsten endete. Eine Ehefrau war vom Mann abhängig, ihr waren die Hände gebunden. Es war beachtlich, mit welcher Beherrschung die Mutter sich seine Vorwürfe gefallen ließ. Allerdings versicherte Bruder Theo später, der Vater habe es immer verstanden, sie nach jedem Zwist von seiner Zuneigung zu überzeugen, »denn er war im Grunde eine liebenswürdige Natur«.[6]

4.

Im März 1878 wurde Martha Fontane achtzehn Jahre alt. Im April hatte sie ihre Ausbildung zur Lehrerin an Mittleren und Höheren Lehranstalten beendet, aber auch vorher schon Frau Clara im Haushalt unterstützt und die Stockhausen-Kinder betreut. Nun würde ihr aus der Tätigkeit als Haustöchterchen eine echte Aufgabe erwachsen! Fontane fand seine Mete nicht nur intelligent, sondern auch nett anzusehen, eine hübsche Gestalt, begabt mit viel Humor und noch mehr Verstand. Und was die Zukunft betraf, so gab es über die nächste Zeit hinaus bereits eine erfreuliche Perspektive: Martha war so gut wie verlobt. Noch wurde das Ereignis mit keinem Wort erwähnt, denn die Sache war heimlich und ohne elterliches Zutun vor sich gegangen, doch man wußte, daß sie schon lange mit einem jungen Mann befreundet war, der sie an sich binden wollte, sobald die Zeit gekommen war. Im Grunde konnte man mit dieser Wahl zufrieden sein. Rudolph Schreiner, einziger Sohn des Stadtschulrats Otto Schreiner und seiner Frau Marie, stammte aus einer ordentlichen und anständigen Familie. Zwar hätte Fontane sich einen etwas interessanteren Jüngling zum Schwiegersohn gewünscht als diesen unentschlossen wirkenden jungen Mann; doch wie dem auch sei, man würde sich mit ihm arrangieren. An Marthas Seite, da konnte man sicher sein, würde auch der zögernde Rudolph beruflich reüssieren.

Von Eheschließungen war ohnehin im Hause immer häufiger die Rede. Nach und nach wurden Marthas Freundinnen zu Bräuten. Fontane hatte ihr nach Rostock die gedruckte Anzeige von Freundin Milly Rütgers geschickt, die ihre Verlobung mit Secondeleutnant Freiherr von Gagern bekanntgab, nicht ohne einen scherzhaften Kommentar: »Lies die vorstehende Anzeige mit so wenig Neid wie möglich«, vielleicht werde sie, Mete, ja einen Grafen heiraten. Nichts war schlimmer, als eine unverheiratete Tochter im Haus zu haben, die den Eltern auf der Tasche lag.

Theodor Fontane sah die Post durch – wieder kein Brief von Mete, die sich immer noch bei Wittes und deren Tochter Lise befand. Friedrich und Anna Witte waren seine besten Freunde. Sie besaßen nicht nur eine große Villa in Rostocks vornehmster Gegend, sondern nahmen auch regelmäßig seine Mete mit nach Warnemünde, wo Direktor Witte den Bau eines eigenen Ferienhauses plante. Fontane hatte den Freund 1845 in der polnischen Apotheke von Dr. Schacht in Berlin kennengelernt, in die Witte als Lehrling eintrat, anschließend Chemie und Pharmazie studierte und es im Gegensatz zu seinem Apothekerkollegen, dem armen Dichter Fontane, zu einigem Wohlstand brachte. In Rostock leitete Friedrich Witte ein erfolgreiches pharmazeutisches Unternehmen, das Coffein und Pepsin herstellte, begehrte Heilmittel, die zu einem wachsenden Umsatz beitrugen und sein Vermögen Jahr um Jahr vergrößerten. Der Freund hatte die Revolution von 1848 in Berlin nicht nur miterlebt, sondern auch lebhaft begrüßt, danach aber, ebenso wie Fontane, die politische Richtung geändert. Als Anhänger Bismarcks ging er in die Politik, wurde 1878 von den Nationalliberalen in den Reichstag gewählt und übernahm damit eine Aufgabe, die ihn oft von Rostock nach Berlin und zu den Fontanes in die Potsdamer Straße führte. Witte war mit der Tochter jenes Berliner Apothekers Dr. Schacht verheiratet, der den jungen Lehrling einst freundlich betreut hatte. Anna Schacht war nach Fontanes Meinung eine Persönlichkeit, die Güte mit Witz und Originalität vereinte; von ihr war seine Martha ebenso herzlich aufgenommen worden wie von der zwei Jahre älteren Tochter Lise, so daß die beiden Mädchen schier unzertrennlich schienen.

Von der Gastfreundschaft der Wittes, dem Schwimmen in der Ostsee und dem Zusammensein mit Lise schwärmte Martha jedesmal aufs neue. Nirgendwo auf der Welt konnte es schöner sein! Auf ihren Freudenruf hatte der Vater gutgelaunt geantwortet: »Übrigens, meine süße Mete, vergiß beim Baden nicht, daß Du eine Erdgeborene bist und trotz unserer Herkunft aus dem südlichen Frankreich nicht von den Lusignan's stammst, aus denen die ›schöne Melusine‹ entsproß ... Wolle also nicht zu sehr ›mermaid‹ sein und halte dich im Seh- und Stimmbereich mecklenburgischer Badefrauen.« (26.6.1878) Die Gestalt der Meerjungfrau Melusine, südfranzösischen Ursprungs und aus der altadligen Familie der Lusignans stammend, wie er gern betonte, war ein Thema, das den Dichter faszinierte, bis er die geheimnisvolle Meerfee dann in seinem letzten Roman, dem *Stechlin,* in aristokratisch-verführerischer Gestalt anschaulich verkörperte.

Fontane wartete nun schon seit etlichen Tagen auf Marthas Heimkehr oder doch wenigstens auf eine Nachricht von ihrer Rückreise. »Keine Zeile von Mete«, schrieb er an Emilie. Das war nicht erfreulich, schließlich stand ein Abschied bevor, der ihnen nicht leichtfallen würde: Stockhausens waren im Begriff, Berlin zu verlassen – und mit ihnen Mete.

Der Königlich-Württembergische Kammersänger Julius Stockhausen war als Dirigent des Sternschen Gesangvereins, der in Schinkels Singakademie Unter den Linden »Hinter dem Kastanienwäldchen« tagte, vor zwei Jahren nach Berlin berufen worden. Als bedeutender Interpret des deutschen Kunstliedes hatte sich der Zweiundfünfzigjährige weithin einen Namen gemacht. Seine Ehefrau Clara aus der wohlhabenden Hamburger Familie Toberentz, bedeutend jünger als er, war die Mutter der Kinder Emanuel, Margarethe und Friedrich, zu denen vor einem Jahr noch ein Sohn hinzugekommen war, Johannes Theodor, so genannt nach ihm, Theodor Fontane, den man zum Paten erwählte, und zur Ehre von Johannes Brahms, dem Freund der Familie.

Es hatte sich aber herausgestellt, daß der große Sänger sich durch musikalische wie menschliche Unduldsamkeit Feinde gemacht und man ihm nahelegt hatte, seinen Posten beim Sternschen Gesangverein aufzukündigen und sich eine neue Tätigkeit zu suchen. In Frankfurt am Main war ihm am Hoch'schen Konservatorium eine Lehrtätigkeit angeboten worden. »In wenigen Tagen verlassen wir Berlin«, hatte Stockhausen seinem Freund Johannes Brahms unglücklich nach Wien gemeldet. »Die große Stadt, in der ich zu sterben hoffte, hat keinen geeigneten Platz für mich ...« (6.7.1878)[7]

Zwischen Emilie Fontane und Clara Stockhausen wurde vereinbart, daß Martha den Umzug nach Frankfurt mitmachen und sich um die vier Kinder kümmern sollte, ein Vorschlag, dem sie bereitwillig zugestimmt hatte. »Mete freut sich sehr zu Ihnen«, hatte Emilie Clara Stockhausen versichert. Noch sei sie bei Freunden in Warnemünde, »wo sie im Unterrichten und Schwimmen ihre Befriedigung findet«, werde aber rechtzeitig zurückkehren, »damit sie vom 1. September an Ihres Winkes gewärtig sein kann«. Vorsorglich machte die Mutter eine sonderbare Anmerkung über Marthas

Charakter. »Mete hat, trotz mancher störenden Eigenschaften, einen Vorzug, und schon von jüngster Kindheit, sie versteht sich zu accomodieren, am glänzendsten hat sie diese Eigenschaft als 11jähriges Mädchen in London in dem Meringtonschen Hause bewährt.« (21. 7. 1878) Über Marthas »störende Eigenschaften« hatte bisher nur sie sich geärgert, dem Vater war Mete liebevoll und bereitwillig erschienen. Frau Stockhausen war in jeder Hinsicht froh, beim Einzug in der ungeliebten Stadt eine Hilfskraft zur Hand zu haben. Beide Frauen konnten nicht ahnen, daß ausgerechnet die so beliebte Martha ihre Freundschaft auf eine harte Probe stellen würde.

Der schöne Sänger

1.

Martha Fontane war immer gern bei Familie Stockhausen gewesen. Schon während ihrer Ausbildung am Lehrerinnenseminar hatte sie im Haus des Musikers kinderlieb und zuverlässig als Haustochter gewirkt. Es war nicht zu leugnen, daß das Ehepaar Stockhausen mit den bedeutenden Geistes- und Musikgrößen der Zeit befreundet war – und neuerdings auch mit dem Ehepaar Fontane. Emilie war überglücklich, trotz des erheblichen Altersunterschieds – sie war achtzehn Jahre älter als Clara – eine verständnisvolle Freundin gefunden zu haben. Der Abstand der Jahre sei nebensächlich, meinte sie, zumal Clara »über eine größere Reife des Geistes und Verstandes« verfüge. Beide Frauen hatten das Sterben eigener Kinder erleben müssen; Emilie hatte drei kleine Söhne, Clara eine zehnjährige Tochter verloren. Diese leidvollen Erfahrungen verbanden sie ebenso wie gemeinsame künstlerische Interessen. Man ging zusammen ins Theater, wo man im Januar 1878 zum ersten Mal ein Werk des norwegischen Dramatikers »Ipsen« kennenlernte, und besuchte regelmäßig die Königliche Oper Unter den Linden. Es war daher kein Wunder, daß Martha, die über eine schöne Stimme verfügte und Klavierstunden nahm, sich bei Stockhausens wohl fühlte. Hier konnte sie eine Fülle schöner Musik erleben, an den Chorkonzerten in der Singakademie teilnehmen und die vollendeten Darbietungen des großen Sängers erleben, dem Brahms persönlich seine Lieder schickte.[8]

Die Sache war abgemacht und klang vernünftig. Dennoch war dem Vater nicht wohl bei der Vorstellung, sein Kind in das Haus des umschwärmten Sängers zu geben. Einen eigentlichen Grund für seine

Skepsis konnte er nicht nennen. Er war im Gegenteil sogar bereit, zu Stockhausens Abschiedsfest einen poetischen Beitrag zu leisten, obwohl er zehnmal lieber in die Sommerfrische gefahren wäre, denn gesundheitlich stand es mit ihm nicht zum Besten. Eine Freude waren nur Metes Briefe gewesen, die aus Rostock und Warnemünde eintrafen und ihn wahrhaft entzückten, während Emilie von Marthas »Ergüssen« weniger angetan war. Sie fand immer etwas auszusetzen und behauptete, Martha besitze kein echtes Brieftalent. Dem hatte er allerdings energisch widersprochen. Mete schreibe zwar »altklug und literarisch«, doch das sei kein Wunder: »Sie ist eben in einem kritisch-schriftstellerischen Hause geboren und erzogen, und was nicht schon im Blute steckte, das hat die Atmosphäre, in der sie heranwuchs, hinzugetan …« Nachschrift: »Ich habe den Brief eben noch mal durchgelesen; ich finde ihn doch s e h r gut, namentlich alles was Schilderung ist. Sag ihr also nur Freundliches.« (13. 6. 1878)

Auf ihren Wunsch hin schickte er an Emilie, die sich zu ihren Freunden Treutler aufs Land begeben hatte, eine der Photographien, die kürzlich im Berliner Atelier Loescher & Paetsch von Martha angefertigt worden waren. Der Anblick ihrer achtzehnjährigen Tochter mit Zopfkranz und großen Augen stimmte die Mutter milder. »Vergißt man, daß sie 18 Jahr alt [ist], sind ihre Briefe ausgezeichnet«, bemerkte sie zweideutig. »Vielleicht siehst Du in diesen Tagen noch einmal Frau Stockhausen und hörst, wa n n sie Mete zu sich wünscht.« (18./21. 6. 1878) Fontane zögerte. Er wurde das mulmige Gefühl nicht los, daß ihm von seiten der Stockhausens etwas verheimlicht werde. »Überall kommt mir die Stimmung in Bezug auf meine Person verschleiert vor, bei W's [Wangenheims] beträchtlich, bei St. [Stockhausens] nur ganz, ganz leise.« Emilie erklärte, es liege an seiner »Stellungslosigkeit«. (10./11. 6. 1878) Der Beruf des »freien Schriftstellers« sei in den Augen anderer Leute eben nur eine Nebenbeschäftigung und der Anerkennung nicht wert – für sie, die es gern anders gehabt hätte, ein ewiger Kummer.

Obwohl am Schreibtisch vollauf mit den Entwürfen zu seiner Novelle *Grete Minde* beschäftigt, ließ der Gedanke an Martha dem Vater keine Ruhe. Er spüre ein »Nerven-fliegen und Nerven-zukken«, dessen er nicht Herr werde. Beim Abschiedsfest zu Ehren von Stockhausen, das in großem Stil stattfand, hatte er mit einem allseits gerühmten Toast glänzen können, »denn zuletzt wollen alle Menschen ihren Namen in der Zeitung sehn«. Seine Skepsis indes war geblieben. Je länger Mete fortblieb, desto ärgerlicher schien ihm die Vorstellung, sie dem arroganten Sänger ins Haus zu geben. Er kritisierte Emilie, die den Plan erfunden hatte. Es sei grundfalsch von ihr gewesen, ihn, Fontane, mit dem verwöhnten Stockhausen zu vergleichen. »B l o ß d a s war nicht richtig, daß Du immer Parallelen zwischen St. [Stockhausen] und mir gezogen hast ...«

War es Zufall oder väterliche Absicht, daß er dem Stockhausen-Schüler Arnold Senfft von Pilsach begegnete? »Vorgestern Abend, auf meinem Tiergartenspaziergange, hatte ich ein anderthalbstündiges Gespräch mit Baron Senfft ...« Das Gespräch habe sich um Stockhausen gedreht, meldete er Emilie, »und war mir höchst interessant. Ich glaube, daß er in allem Recht hat, oder doch f a s t in allem. Er stellt ihn als Künstler sehr hoch und gibt auch zu, daß seine m e n s c h l i c h e Grundlage gut und noble sei; trotz aller Noblesse aber begehe er die tollsten Sachen, die nur zu sehr dazu angetan seien, diese Noblesse wieder in Frage zu stellen. Er falle eben aus einem Extrem ins andre.« Aufgewühlt von diesen Nachrichten, attackierte er im gleichen Brief auch Stockhausens Ehefrau. Bei aller Sympathie, die er für sie hege, »sie operiert nicht klug und hat ihn – weil sie ihn zu sehr liebt und seine Liebe nicht verlieren will – nicht richtig behandelt«; sie hätte ihm »seine Eitelkeiten« unbedingt abgewöhnen müssen. So aber sei der Sänger noch »reizbarer und unerträglicher« geworden. Im gleichen Brief die vorsichtige Frage: »Von Mete wirst Du Briefe haben; so nehme ich an. Hier ist keine Zeile eingetroffen …« (15.8.1878)

Zu seiner Überraschung bekam er einen Tag später Post von Julius Stockhausen persönlich. Fontane war verblüfft. »Die Zeilen von St. [Stockhausen] sind freundlich gemeint, machen aber doch einen sonderbaren Eindruck. Von Mete kein Wort; auch sonderbar. Ich kann mir nicht helfen, es ist nichts mit solchen Engagements.« Emilies Idee, die Tochter zu diesen Leuten zu schicken, erschien immer zweifelhafter. Der große Sänger war infolge seiner Berühmtheit allzusehr von sich eingenommen. Warum erwähnte der hohe Herr in seinem Schreiben Martha mit keinem Wort – sie stand doch sozusagen schon vor seiner Tür! Alles äußerst seltsam. Gab es überhaupt einen Grund für sein großformatiges Schreiben? Stockhausen hatte kein übliches Briefpapier benutzt, sondern einen Karton genommen, zu dick, um an Emilie weitergeschickt zu werden. Der »sonderbare Eindruck« beunruhigte Fontane dermaßen, daß er seine Befürchtungen nicht länger zurückhielt. »In fremden Häusern« hätte Martha jederzeit kündigen können, bemerkte er, in befreundetem Hause jedoch nicht. Er fügte hinzu: »Nichts ist vorher zu berechnen, alles ist Glück, Bestimmung, oder anständiger ausgedrückt, Gottes Wille.« (16.8.1878) Er werde den September nun doch in Berlin verbringen und die erste Fassung seiner neuen Novelle niederschreiben. »Jeder glückliche Augenblick ist eine Gnade und muß zum Danke stimmen.« Bevor er den Brief schloß, in Eile noch die Nachricht: »Eben ist Marthas Kleiderkiste von Rostock her angekommen; von ihr selbst kein Wort.«

Dann endlich eine Nachricht! Dem Vater fiel sofort Marthas veränderter Ton auf. Nach vorheriger Hochstimmung im Mai und dem Frohsinn an der Ostsee schien sie in eine melancholische Stimmung verfallen zu sein. Das machte ihn stutzig. Er kommentierte das Schreiben Emilie gegenüber mit einem halben Scherz: Metes trübe Gemütsverfassung sei von der Art, wie sie erst mit einer Verlobung ende. »Ich kann mir nicht denken, daß sie unverheiratet bleibt.« (13. 8. 1878) Es klang wie eine bange Frage.

2.

Fontane war allein zu Hause, als die Tochter ins Zimmer trat, erhitzt, mit ihrem vollen Reisekorb am Arm und einem kleinen Hut auf dem Kopf. Kaum hatte sie ihren Vater umarmt, machte sie ihm auch schon eine irritierende, schier unglaubliche Eröffnung. Sie wolle nicht nach Frankfurt, erklärte sie, denn sie habe sich in den Vater der Kinder, den Hausherrn Julius Stockhausen, verliebt! Die Mitteilung war zu unerwartet, der Inhalt zu bestürzend, um auf der Stelle in ihrer vollen Tragweite begriffen zu werden. Sie habe ihm eigentlich nichts davon sagen, sondern die Stelle gehorsam antreten wollen, fügte Mete hinzu, weil Zuverlässigkeit und Pflichterfüllung dem Vater doch immer das Wichtigste seien.

Vielleicht war es ein Glück, daß die Mutter bei dieser befremdlichen Eröffnung nicht zugegen war! Für eine derartige Nachricht waren ihre Nerven zu schwach. Fontane bewahrte wie üblich die Ruhe. Ihm wurde jählings klar, warum Mete schon lange nicht mehr wie früher von Stockhausens geschwärmt hatte. Am liebsten hätte sie wohl überhaupt die Flucht angetreten. Vor zwei Monaten, mitten im Mai, hatte sie ihn eindringlich gebeten, mit Ehepaar Witte nach Frankreich fahren zu dürfen. Wie ein alter Philister hatte er reagiert und sie auf ihre Pflichten hingewiesen. »Meine liebe Mete«, so lautete der ablehnende Bescheid, »nach einer längeren Abhandlung an George … gehe ich jetzt dazu über, Dir eine kleine Predigt über ›Worthalten‹, über ›Treue im Kleinen‹ etc. zu halten.« Es wurde eine lehrhafte Epistel mit dem Ziel, Mete von ihrem Plan abzubringen. Sie hatte die Chance geschildert, einmal im Leben Paris zu sehen, vielleicht sogar dort eine Stelle zu bekommen. Er jedoch schrieb, es gehe nicht an, Frankfurt, »wohin Du Dich nicht durch Eide, aber doch durch Zusage gebunden hast«, aufzugeben, »um stattdessen in angenehmer Gesellschaft und unter den denkbar glücklichsten Verhältnissen Paris zu sehn. Ich begreife den Wunsch vollkommen; aber man kann nicht alles haben ...« Er selber, bekannte er offen, »würde sowas Verlockendem ebenso wenig widerstanden haben« wie sie, doch leider müsse sie zu ihrem Versprechen stehen. »Du sitzt eben drin und mußt aushalten.« (18. 5. 1878) Sie hatte seine verbohrte Predigt kurzerhand als »comédie parfaite« bezeichnet, als dumme Komödie. Unsinn! hatte er ärgerlich erwidert. Hätte er der Reise etwa zustimmen sollen?

Emilie, die einen Tag später nach Berlin zurückkehrte, war durch die unglaubliche Botschaft gänzlich aus der Bahn geworfen. Ihr wohldurchdachter Plan, die Tochter günstig bei Freundin Clara unterzubringen und dadurch die Haushaltskasse zu erleichtern, wurde mit einem Schlag zunichte! Metes Verhalten war verwerflich, ein Skandal und überdies ein amouröser Leichtsinn! Sie war empört, ja außer sich. Zwischen den Eheleuten kam es zu erregten Debatten über ein Verhalten, für das Emilie nicht das mindeste Verständnis aufbrachte – sie sah darin eine unentschuldbare moralische Verfehlung.

Die Beratungen endeten damit, daß man Marthas Bekenntnis nicht verheimlichen wolle, auch wenn an eine Anstellung bei Stockhausens dann nicht mehr zu denken war. Fontane als wortgewandtem Schreiber fiel die undankbare Aufgabe zu, Frau Clara von der peinlichen Angelegenheit schonend in Kenntnis zu setzen. Das war kein leichter Auftrag. Der Sänger war zweiundfünfzig, Tochter Mete achtzehn – das Unpassende des Verhältnisses lag auf der Hand! Die Sache mußte möglichst unaufgeregt behandelt und das delikate Vorkommnis in die richtigen Worte gekleidet werden.

3

Das Geständnis, das Theodor Fontane im Gewand väterlicher Betroffenheit an Clara Stockhausen sandte, war nach Ausdruck und Wortwahl ein Meisterwerk. »Hochgeehrte Frau und Freundin!« begann er. Gerne würde er einen hübscheren Brief schreiben, doch er müsse ihr leider eine peinliche Mitteilung machen. »Mete, die seit Sonnabend zurück ist, will nicht nach Frankfurt.« Die Geschichte werde eher ihr Mitleid als ihren Zorn erregen, ja ihr vielleicht sogar ein Lächeln abringen. »Es ist eine Herzensaffaire. Unser Töchterlein erklärt, eine so starke Zuneigung zu Ihrem Herrn Gemahl zu haben, daß ein Zusammensein mit ihm ihren Frieden stören und eine Gefühlswelt in ihr nähren würde, die sie verständig genug ist, als ein schweres Unrecht gegen Sie, teuerste Frau, zu empfinden. Sie begreifen, daß von dem Augenblick an, wo diese Erklärung abgegeben war, das Projekt eines Eintritts in Ihr Haus fallen mußte, ja, schließlich ein Glück noch, daß es überhaupt zu dieser Erklärung kam. Denn es hing an einem Haar.« Mete sei bis dato der Meinung gewesen, »ihre Pflicht unter allen Umständen einhalten zu müssen und eigentlich entschlossen, die Sache nicht weiter zur Sprache zu bringen und mit dem bekannten ›Schicksal habe Deinen Lauf‹ in die sonderbare Situation einzutreten.« Das sei zum Glück abgewendet. »Es Ihnen mitzuteilen, ist mir nicht leicht geworden«, nur ihre bisherige Freundschaft habe ihn vermocht, »Ihnen eine Geschichte zu erzählen, deren Unerquicklichkeit und ernsteste Bedrücklichkeit von niemandem tiefer empfunden wird als von uns.« Freundschaft aber verlange die volle Wahrheit. Er und Emilie seien sehr niedergeschlagen. Und Martha? »Wo dergleichen vorkommt, da fehlt entweder eine Schraube oder ist an bestimmter Stelle ü b e r schraubt. Und das macht uns Sorge.« (20.8.1878)

Möglich, daß der Vater die Tochter für überspannt hielt – doch was dachte er über den vielumworbenen Sänger? Tochter Mete war blutjung, hübsch, schlank und überdies sehr musikalisch, Stockhausen ein eitler Pfau und verwöhnter Mann – sollte er bei dieser Sache gänzlich untätig und ahnungslos gewesen sein? Wie lange war das Töchterchen schon bei ihm tätig? Seit mehr als zwei Jahren. Jede Medaille hatte zwei Seiten. Eine »Herzensaffaire« war niemals einseitig. Ganz grundlos würden Metes erotische Gefühle und die »starke Zuneigung«, die er immerhin schriftlich betonte, kaum entstanden sein.

Ganz anders die Auffassung der Mutter. Der Brief, den Emilie an demselben 20. August 1878 an Freundin Clara sandte, zeigt nur ihre Verärgerung über das ungeratene Kind, erwähnt den Verursacher mit keinem Wort. Fontane, der die Angelegenheit aus einem anderen Blickwinkel sah, würde später seine Meinung dazu äußern. Emilie hingegen sah die Schuld allein bei der Tochter, war schlechtester Stimmung und strapazierte die Nerven der anderen über Gebühr. Wie konnte die Achtzehnjährige sie in eine derartige Lage bringen? In Briefen an Clara machte sie ihrem Ärger Luft. »Natürlich wird unser Beisammensein ein höchst unerquickliches sein«, rief sie mit Bezug auf die indezente Tochter, »ich wünschte, sie fände sobald wie möglich ein Haus oder eine Stellung wo sie sich nützlich machen könnte. Auch mein armer Mann, der inmitten einer neuen Arbeit, Zeit und Stimmung brauchte, ist aufs peinlichste berührt und bei seiner Herzensgüte und allzu milden Lebensanschauung doch bemüht, gute Miene zum bösen Spiel zu machen.« Ihr Zorn verschärfte die familiäre Situation. Sie war wütend und gab zu verstehen, daß sie Martha so bald wie möglich aus dem Haus haben wollte. »Was mein Mutterherz empfindet, kann ich Ihnen nicht aussprechen«, schrieb sie, »mit Schmerz sehe ich ein, daß alle Befähigung, alle glänzenden Eigenschaften dem Weibe nichts nutzen, wenn Herz und Gemüt nicht auf dem rechten Fleck sind.« Unmoral fand man allein bei der Frau, über das moralische Verhalten des Mannes kein Wort. Der große Sänger, am peinlichen Affront scheinbar unbeteiligt, geistert wie ein Phantom durch die Korrespondenz. Sie sei froh, schon früher ihre »Befürchtungen« in bezug auf Martha deutlich ausgesprochen zu haben. Sodann die hintergründigen Worte: »Nur das eine war mir sofort klar: Sie mußten die Wahrheit erfahren, wenn es – Wahrheit ist.«

Die Sache nahm indessen einen unerwarteten Verlauf. Stockhausens Gattin verwahrte sich entschieden gegen Emilies Ausspruch »wenn es denn Wahrheit ist«, worin sie eine ehrenrührige Unterstellung erblickte. Ihre Erregung wurde hervorgerufen durch ein Gerücht, das in der Stadt kursierte, wonach Julius Stockhausen schon länger in eine »Liebesintrigue« verwickelt sei. Emilies Formulierung hatte das Faß zum Überlaufen gebracht, und Fontane hatte alle Mühe, Frau Clara zu erläutern, daß Emilie leider »strenger als nötig« über Martha urteile. Es sei gänzlich falsch, die Tochter in einem »noch fragwürdigeren Licht erscheinen zu lassen« und als Schuldige anzuprangern. »Was vorliegt, ist ein Sinnen-, nicht ein Gesinnungs-Fehler.« Mit diesem eleganten Wortspiel nahm er seine Mete in Schutz. (27.8.1878)

Da auch Frau Clara die Freundschaft nicht aufs Spiel setzen wollte, bemühte sie sich, für die nun berufslose »Meta«, wie sie sie nannte, eine Alternative zu finden. Eine Ersatzstelle bei Familie Lange stand in Aussicht, Verwandte in der Nähe von Kiel, die eine Erzieherin suchten. Die Eltern reisten gen Norden, um besagte Langes kennenzulernen. Schon nach wenigen Tagen wußten sie, daß die Stelle bei den sieben Kindern eine Zumutung bedeutet hätte: »Mete würde in einer geistigen Einsamkeit dort gelebt haben, die ihr nicht wohltätig gewesen wäre.«

Fontane hatte nochmals Ursache, sich gründlich über Frau Clara zu ärgern, die es von neuem nicht unterlassen konnte, seine Tochter zu kritisieren. »Die Weiber bleiben sich doch immer gleich«, spottete er. »Anstatt ihrem unschuldigen Julius, diesem Lamm, einen Nasenstüber zu geben, hechelt sie an Meten herum.« Der schöne Sänger war in seinen Augen nicht das »Lamm«, als das er sich gab. Ironisch schrieb er an Emilie: »Moral: man heirate keine berühmten Tenöre.« (11.6.1879)

Es gibt in dieser Angelegenheit eine Reihe fragwürdiger Details. Hatte die Tochter den Eltern überhaupt die Wahrheit gesagt? War es wirklich nur eine kleine Liebelei, oder hatte sich zwischen ihr und Stockhausen eine Affäre entwickelt? Ganz unmöglich wäre es nicht. Der imponierende Frauenheld und das aparte Kinderfräulein waren im Haus oft allein, während die kränkliche und zuletzt schwangere Ehefrau in der Stadt zu tun hatte. Auch scheint es keineswegs undenkbar, daß der erfahrene Mann die Achtzehnjährige, die ihn bewunderte, verführt hat. Dem Vater war aufgefallen, daß Martha nach ihrem Examen Hals über Kopf abgereist war, noch ohne das Zeugnis abzuwarten. Hoffte sie, der Sänger werde inzwischen mit seinem »Pappschreiben«, das Fontane so ominös vorkam, das heikle Problem lösen? Nach einem (nicht erhalten gebliebenen) Brief vom 30. Mai 1878 machte der Vater die befremdliche Feststellung: »Im Übrigen ein merkwürdiges Kind, eminent beanlagt, aber nicht harmlos und unbefangen.« Martha hatte ihm geschrieben, sie brauche Geld. Er schickte ihr zwanzig Mark, was etwa dem Monatslohn des Dienstmädchens Tilla entsprach. Wie kam es, daß Martha mit ihrem Reisebudget nicht auskam? Hatte es gesundheitliche Komplikationen gegeben? Die Frage stellt sich, wenn man die körperlichen und seelischen Leiden bedenkt, die ihr seitdem das Leben zur Qual machten. Im August fand der Vater erst ihre trüben Nachrichten, dann ihr plötzliches Schweigen beunruhigend. Sie blieb insgesamt vier Monate fort. Wäre es möglich, daß sie während dieser Zeit eine Abtreibung vornahm? Welche Rolle nach Meinung Fontanes Julius Stockhausen bei Martha gespielt hatte, enthüllt er zwanzig Jahre später in *Effi Briest*. Dort sagt er über die Person des ehebrecherischen Major Crampas: »Liebhaber oder Bonvivant. Und vielleicht noch mehr, vielleicht war er auch ein Tenor.«

Nicht lange nachdem sie den Eltern das amouröse Vorkommnis gestanden hatte, wurde Martha bedenklich krank; zwei Jahre später erlitt sie einen Zusammenbruch und wand sich vor Unterleibsschmerzen auf dem Fußboden. »Montag nun gegen Abend bekam ich einen sich nach kurzen Pausen 3, 4 Mal wiederholenden Unterleibskrampf und stand entsetzliche Schmerzen aus. Besonders war der untere Teil des Rückens affiziert ...« Der herbeigerufene Arzt bezeichnete die Schmerzen der Zwanzigjährigen als »Kolik der Gebärmutter«. (26.11.1880) In den Ferien bei Wittes mußte sie von Dr. Wilhelm Brummerstaedt behandelt werden, Hausarzt der Familie und Privatdozent für Gynäkologie. Weitere Krankheitsschübe folgten, Panikattacken und Anfälligkeiten besonders »der unteren Regionen«, wie sie es selber nannte.

Julius Stockhausen scheint sich zu der Affäre, deren Hauptverursacher er war, nicht geäußert zu haben; keine Erklärung, kein Brief an die Eltern oder gar an Martha hat sich gefunden. Er zog mit seiner Familie nach Frankfurt, doch nennenswerter Erfolg war ihm auch dort nicht beschieden. Er zerstritt sich mit Joachim Raff, dem ehemaligen Sekretär von Franz Liszt, der in Frankfurt Kompositionslehre unterrichtete, verließ das Konservatorium und sah sich gezwungen, in Zukunft privaten Gesangsunterricht zu erteilen.[9] Als Fontane dessen Frau Clara »für all das Liebe und Freundliche«, das sie geleistet habe, danken wollte, nutzte er die Gelegenheit, seine Tochter in einem günstigen Licht darzustellen. »Das Thema ›Mete‹ ist unerschöpflich; so viel hat sie wenigstens erreicht«, schrieb er am 10. September 1878. »Über den Eclat, mit dem sie sich hier, nach viermonatlicher Abwesenheit, wieder einführte, ist Gras gewachsen, wir sprechen nicht mehr davon ...; aber irgendwas Absonderliches spukt ihr in Schlaraffentagen immer in Kopf und Leber (Zöllner würde auch noch die Milz nennen), und so kommt man mit ihr nicht recht zu Rande. Sie ist mir eine beständige psychologische Aufgabe.« Der Vater versuchte, sich »das Rätsel Mete« zu erklären. Falls man geniale Naturen daran erkenne, »daß Allerklügstes und Allerdümmstes bei ihnen dicht beieinander liegen, so ist sie ein Hauptgenie. Sie abends beim Tee perorieren zu hören, oft über die schwierigsten und sublimsten Themata, ist ein Hochgenuß; sie sagt dann Sachen, die mich absolut in Erstaunen setzen; alles Tiefblick und Weisheit; Salomo Cadet.« Man merkt, wie er selbst in Staunen darüber geriet, eine solche Tochter zu haben. Bei anderer Gelegenheit sei sie wie ein Kind, das nur quasselt. »Es wäre schade, wenn diese reichbegabte Natur an ihren ›shortcomings‹, die nur zu gewiß da sind, scheiterte.«[10]

Die Affäre hatte zur Folge, daß Martha nicht nach Frankfurt reiste, sondern im Hause blieb, und der Vater bei erholsamen Tee- und Abendstunden die inspirierende Wirkung einer Unterhaltung mit ihr genoß. Mete erwies sich als nachdenkliche Gesprächspartnerin und anregende Stichwortgeberin, eigenständig in ihrer Meinung, »Vaters Tochter«, ihm geistesverwandt.

Emilie erlebte die Übereinstimmung der beiden hautnah mit. »Mein Mann ist sehr erfrischt und sprach gestern Abend so lebhaft von allerlei Arbeiten, die er vorhätte«, daß Mete etwas erwiderte, »worüber er herzlich lachen mußte«, schrieb sie im März 1879 an Frau Clara. Emilie hatte keinen leichten Stand. Es klingt nach Eifersucht, wenn sie meinte, Martha habe sich erfreulich zum Guten entwickelt, »und zeigte ihr mein guter Mann nicht in so übertriebener Weise sein Eingenommensein von ihr, würde es noch besser gehen«.

4.

Einen Monat nachdem Familie Stockhausen Berlin ohne sie verlassen hatte, erkrankte Martha lebensgefährlich. Die Symptome äußerten sich in Magen- und Darmbeschwerden, hohem Fieber und Schüttelfrost, sie konnte nichts essen, magerte ab. Der Arzt nannte es »Nervenfieber«, damals eine Bezeichnung für Typhus, eine gefährliche Krankheit, wie sie vor Jahren auch Fontane durchgemacht hatte. Erst im November konnte er Mathilde von Rohr versichern: »Es war eine rechte Sorge, dies von uns allen geliebte Wesen in solcher Gefahr zu wissen. Seit vorgestern ist mir das Herz erleichtert.« Martha hatte zum ersten Mal das Bett verlassen dürfen. (5. 11. 1878)

Die Mutter hatte sich bis zur Erschöpfung um ihr krankes Kind gekümmert. In der Folge verbesserte sich das Verhältnis zwischen ihr und der Tochter, es entstand zumindest fürs erste ein familienfreundliches Zusammensein. »In ihrem Benehmen gegen mich hat sie sich, soweit es ihr Charakter zuläßt, enorm zum Guten geändert«, meldete sie ihrer Freundin Clara. Die Tochter durfte mit den Brüdern einen der Faschingsbälle besuchen; man gab Gesellschaften, Fontanes brauten Punsch zu Pfannkuchen und luden Freunde ein, »Lepels, Zöllners, Rolands; am Freitag Krigars, W. Gentz und Frau und Maler R. Schick«. Der Jurist Zöllner war ein langjähriger Freund, Grete Krigar die Schwester des berühmten Malers Adolf Menzel, der selber nicht kommen konnte, weil er einen Wohltätigkeitsball besuchte. (An Mathilde von Rohr, 3. 2. 1878)

Während Emilie wieder auf das schöne Gut der Treutlers reiste, genossen Fontane und seine Tochter frühsommerliche Tage in Berlin, »für Martha sind sie vielleicht etwas zu still, aber es steht nicht in meiner Macht, ihr andere zu schaffen. Kinder müssen sich ihre gesellschaftliche Stellung, ihre Freund- und Bekanntschaften selbst erobern«, so der Schriftsteller an Fräulein von Rohr. Offenbar hatte

Mete trotz der Tanzfeste und Geselligkeiten niemanden kennengelernt, der sie nachhaltig interessiert hätte. Mit ihrem Vater verbrachte sie die Zeit im vertrauten Austausch von Gesprächen und
Gedanken, zufrieden, »schöne, stille, sommerliche Tage« zu haben,
wie Fontane im Tagebuch vermerkte.[11] Er sah sich von einem Wesen umsorgt, das ihn vorbehaltlos liebte. Mete, die »Anlage und
Vorliebe für absolutes Chaiselongue-Leben« und einen entschie-
denen Hang zum Nichtstun bezeugte, bewirtete des Vaters Gäste,
besuchte ihm zuliebe alte Freunde, zog sich zurück, wenn er arbeitete, und ging zu Familie Schreiner, wo Freundin Marie und ihr
Bruder auf sie warteten. »Mete ist bei Schreiners«, hieß es dann. Erfreulich, daß Rudolph, den Fontane persönlich für etwas langweilig hielt, gegen Marthas Redeschwall nichts einzuwenden hatte.

Was seine schriftstellerischen Arbeiten betraf, stand für Fontane
ein wichtiges Ereignis bevor. »In etwa zehn bis zwölf Tagen wird
mein Roman ausgegeben, Arbeit und Inhalt meines Lebens«, meldete er dem Schriftsteller Paul Lindau. (23.10.1878) Es handelte
sich um seinen ersten großen Roman, *Vor dem Sturm,* der bislang
nur in Fortsetzungen erschienen war und nun im November 1878
ungekürzt als Buch veröffentlicht werden sollte. Die Stimmung im
Hause hob sich, als man in den Zeitungen die guten Besprechun-
gen las. Emilie, die Clara Stockhausen gerne positive Nachrichten
aus dem Hause Fontane zukommen ließ, verkündete, daß die Anerkennung, die das Buch finde, des Autors kühnste Erwartungen
übertreffe – am Jahresende sei den Lesern *Vor dem Sturm* sogar als
beste Neuerscheinung der Saison empfohlen worden! Große Genugtuung bereitete Fontane die Beurteilung, die der berühmte, als
erster deutscher Schriftsteller 1910 mit dem Nobelpreis ausgezeichnete Paul Heyse seinem Werk zukommen ließ. Der finanzielle Erfolg blieb indessen aus; vielen Lesern war der vierbändige Roman
nicht spannend genug. Jetzt brauchte der Autor den Zuspruch von
Frau und Tochter. Ein neues Projekt wurde in Angriff genommen:

Grete Minde. »Bleibt mir Kraft und Gesundheit, so muß es etwas Gutes werden.« Die Geschichte faszinierte ihn. »Es ist ein brillanter Stoff; möchte ich ihm einigermaßen gerecht geworden sein.« (23.10.1878) Bis Ende des Jahres war die Novelle, die er als »Charakterbild« angelegt hatte, fast vollendet.

Vor dem Sturm und *Grete Minde* erhielten gute Kritiken, doch weiterhin bekümmerten Fontane die knapp bemessenen Honorare. Seine Selbsteinschätzung bei Mathilde von Rohr klang resigniert. »Ich habe nicht solche Erfolge aufzuweisen und werde sie, nach der ganzen Art meines Talentes, wahrscheinlich n i e aufzuweisen haben ...« Er plane ein neues großes Buch mit dem Titel *Allerlei Glück.* »Wieder unter Sorgen und Ängsten es schreiben, wie den ersten Roman, d a s tu ich sicherlich nicht.« (3.6.1879) Derartige Bekenntnisse machte er ausschließlich der wohlwollenden Freundin, der er das erste Exemplar seines Romans *Vor dem Sturm* mit den Worten widmete: »Sie haben mich seit zehn Jahren und länger dazu ermutigt, mich immer wieder darauf hingewiesen, und das danke ich Ihnen.« (5.11.1878) Gegenüber seiner Frau klagte Fontane niemals über mangelndes Talent, im Gegenteil, bei ihr pflegte er sich seiner Begabung zu rühmen als ein Romancier, der sich mit Zola und Balzac messen könnte – wenn er nur früher mit dem Schreiben begonnen hätte! Trotz vieler Querelen, die ihm schon deshalb zuwider waren, weil sie ihn am Schreiben hinderten, saß er jeden Vormittag am Schreibtisch. »Er arbeitet unausgesetzt, jetzt eine Novelle, worin er den Ravené-Stoff benutzt«, meldete Emilie am ersten Tag des Jahres 1880 nach Frankfurt. »Vorgestern ist er nun sechzig Jahre geworden und war dies ein Abschnitt, den er ernster nahm, als ich erwartet hatte. Weder der Rückblick auf sein Leben, noch der in die Zukunft konnten ihn befriedigen, und dies arbeiten Müssen in seinem Alter wird ihm doch oft recht schwer ...« Immerhin, während das Leben des Musikers Stockhausen wenig zufriedenstellend verlief und Clara von Sorgen berichtete, verwies sie um so eifriger auf ihre einwandfrei funktionierende Familie. »Sehe ich mich in unserem Kreise um, so ist unser Familienleben, das an-rich-tiger-Stelle-stehen unserer Kinder, so viel Glück und Freude Ge-währendes, daß wir gern Einfachheit, Beschränkung und Arbeit dafür hinnehmen.« (1.1.1880)

Dem Chefredakteur von *Westermanns Monatsheften*, Gustav Karpeles, konnte Fontane melden: »Ich habe im zweiten Halb-jahr '79 hintereinander weg drei Novellen geschrieben.« Es han-dele sich um *L'Adultera, Schach von Wuthenow* und *Ellernklipp*. In einem kurzen Überblick machte er den Verleger mit dem jeweili-gen Inhalt bekannt. »*Schach von Wuthenow* spielt in der Zeit von 1805 auf 1806 und schildert den *schönsten* Offizier der damaligen Berliner Garnison, der, in einem Anfalle von Übermut und Laune, die liebenswürdigste, aber *häßlichste* junge Dame der damaligen Hofgesellschaft becourt.« Da die Kameraden spotten, »und *weil er dies Lachen nicht ertragen kann*, erschießt er sich unmittelbar nach dem Hochzeitsmahl … Alles ein Produkt der Zeit, ihrer Anschau-ungen, Eitelkeiten und Vorurteile«.[12]

Zu seiner Novelle *Ellernklipp* merkte er an: »Nach Aufzeichnun-gen eines Harzer Kirchenbuches. Spielt unmittelbar nach dem Siebenjährigen Kriege in einem Harzdorf. Eifersucht des Vaters gegen den Sohn. Der Sohn fällt als Opfer, bis zuletzt auch der Alte den Visionen seiner Schuld erliegt. Hauptfigur: ein angenomme-nes Kind, schön, liebenswürdig, poetisch-apathisch … Sie selbst, ohne den Grundton ihres Wesens zu ändern, verklärt sich und über-lebt das Wirrwarr, das sie gestiftet.« (14.3.1880) Das »Wirrwarr« bestand darin, daß sich der Vater wie der Sohn in das Mädchen verlieben. Bei der »liebenswürdigen Pflegetochter« wird der Autor auch an die eigene Tochter gedacht haben, sie war ebenfalls »lie-benswürdig und poetisch«. Und welchen »Wirrwarr« hatte sie ins Elternhaus gebracht!

Den Stoff zu *Ellernklipp* hatte ihm Mete übermittelt, die die

»Mordgeschichte« während des Harzurlaubs von ihrer Kusine Anna erfahren hatte. Die Gegenden im Harz, die Orte, die sie besucht hatten, kehren in der Geschichte erkennbar wieder. Fontane war ein bedächtiger Schreiber, der immer wieder umformulierte, feilte, verbesserte, Sohn Theo hat es erlebt. »Der eigentliche Schaffensakt vollzog sich schnell. An Tagen, wo Gesundheit, Stimmung, Ruhe günstig waren, hat er wohl ein ganzes Kapitel niedergeschrieben. So waren die Wochen seiner Urschöpfung seine glücklichste Zeit. Wäre die andere, die kritische Seite seiner Natur minder stark ausgebildet gewesen, so hätte er einer der fruchtbarsten Schriftsteller seiner Zeit und vermutlich ein wohlhabender Mann werden können.«[13]

Größte Zustimmung fand die Novelle *L'Adultera* bei dem dreißigjährigen Redakteur Eduard Engel, der als erster Fontanes Leistung als Romancier würdigte. Beide lernten sich dadurch kennen, daß Fontane ihn persönlich aufsuchte. Eduard Engel berichtet: »… da stand Theodor Fontane, der ›alte Herr‹, stattlich, nur leicht ergraut, mit dem geschichtlich gewordenen grünen Schal um den Hals«; er habe ihm mit den Worten gedankt: »Sie sind der Erste und der Einzige, der auszusprechen gewagt hat, daß Theodor Fontane ein Erzähler hohen Ranges sei, so bedeutend wie die großen englischen und französischen Erzähler unsrer Zeit … Nie werde ich Ihnen das vergessen!«[14]

Während der Abwesenheit der Mutter blieb Martha allein beim Vater in Berlin, beschäftigte sich mit seinen Plänen und fand sich sogar bereit, eine eilige Arbeit abzuschreiben, was sonst Aufgabe der Mutter war. Es ging um den Artikel *Das Zietensche Husarenregiment von 1730 bis 1880*, der schon im April in der *Vossischen Zeitung* erscheinen sollte. Sie organisierte Einladungen und ein Abendessen für neun Personen mit den Brüdern George und Theo, den Freunden Zöllner und Heyden und dem Kunsthistoriker Wilhelm Lübke, der sehr elegant auftrat und das große Wort führte. Daß er Mete sichtlich den Hof machte, wurde vom Vater mißtrauisch registriert. Ihn wurmte das männliche Pfauengehabe. »Martha fuhr mit Lübke in die ›Meistersinger‹. Es war mir nicht angenehm, denn ich halte nicht viel von diesen Onkelschaften, namentlich wenn es Onkels aus der Schule Stockhausen sind«, meldete er Emilie. (25. 3. 1880) Die Affäre ließ ihm keine Ruhe. Außerdem ärgerte er sich über seine miserable finanzielle Lage. Der Erwerb eines Schriftstellers sei der reinste Hohn. »Ich kaufe ein Buch, das wenigstens 4 Taler kostet, arbeite drei Tage lang und lese drei Tage lang bis Nachts um 2, zwei Kinder schreiben viele, viele Seiten ab … und dafür erhalte ich 20 oder wenn es hoch kommt 24 Taler. Wobei ich mein Wissen und mein Talent noch gar nicht rechne …«

Das Buch für vier Taler, das er sich beschafft hatte, war die historische Arbeit eines Offiziers, den er bei seinem Verleger Lessing kennengelernt hatte. Es war der Freiherr Armand von Ardenne, der vor nicht langer Zeit in Berlin dadurch Aufsehen erregt hatte, daß er den Liebhaber seiner schönen Frau, den Amtsrichter Hartwich, im Duell mit einem Pistolenschuß niedergestreckt hatte. Seinem Ehrenkodex folgend, ließ er sich nach abgebüßter Haftstrafe scheiden, obgleich die Affäre viele Jahre zurücklag. Der tragische Ausgang und das selbstverschuldete Unglück, über das Fontane auch durch einen Artikel in der *Vossischen Zeitung* informiert war, schienen als Stoff zu einem Roman, der das unsinnige »ehrenhafte« Verhalten des Offiziers zum Thema haben sollte, glänzend geeignet. Lange suchte er für die schöne Elisabeth von Ardenne, eine geborene Freiin von Plotho, den passend romanhaften Namen. Schließlich nannte er sie nach einem alten, längst ausgestorbenen märkischen Adelsgeschlecht Effi Briest. (7. 4. 1880)

Zwei volle Jahre, von 1878 bis 1880, lebte Martha bei ihren Eltern in der Potsdamer Straße 134 c. Zuweilen plante sie etwas Neues, wollte Französischunterricht geben oder nach England ziehen, was ihr der Vater sogleich ausredete. »Zwischendurch sucht sie Stellen, findet aber keine« – die Briefnotiz vom 7. April 1880 beweist, daß die Zwanzigjährige sich immerhin um eine Anstellung bemühte. Da aber kein Angebot kam und sie sich auch nicht danach drängte, reiste sie im Herbst wieder zu ihrer Freundin Lise Witte. Es war zu einer festen Gewohnheit geworden; Fontane nannte es schon ihre »Mecklenburger Saison«. Die elegante Villa der Fabrikantenfamilie war die vergoldete Gegenwelt zu den vier Zimmern »drei Treppen hoch« in der Potsdamer Straße. Sie liebte den Reichtum, der den Alltag erleichterte und entschieden zur Verschönerung des Lebens beitrug.

Am 21. März 1880 wurde Martha Fontane zwanzig Jahre alt. Die Mutter war an diesem großen Tag abwesend. Es wirkt merkwürdig, daß sie ausgerechnet jetzt mit Menzels Schwester Grete Krigar zu einer Kaltwasserkur nach Nassau reisen mußte, anstatt mit Ehemann und Tochter den runden Geburtstag zu feiern. Doch das Verhältnis der Mutter zur Tochter war, solange Martha im Haus lebte, nie ganz frei von Dissonanzen. Emilie fand das Leben zu dritt belastend und teuer. Vater und Tochter blieben unter sich und begingen den Tag höchst feierlich. Von Herzensfreundin Lise Witte, Schulkameradin Mathilde Runde und Bruder George waren Glückwünsche, Briefe und Geschenke eingetroffen. Was dem Vater auffiel: die Tochter hatte kaum Freunde außer denen, die ihr durch die Eltern bekannt waren. »Zur Gratulation kamen nur 3 Heydensche Damen und Marie Schreiner«, meldete er seiner Frau. »Einen S c h w a r m von Freunden und Freundinnen hat sie ja nicht«, fügte er seufzend hinzu. »Teils durch eigene Schuld, teils durch Schuld der Verhältnisse. Heute Nachmittag ist sie bei Schreiners.« (21. 3. 1880)

Daß Mete ihren Geburtstag bei Freundin Marie Schreiner feierte, hatte mit Rudolph zu tun. An diesem schönen Frühlingstag würde er ihr vermutlich sagen, wie es um seine Gefühle bestellt war – er konnte mit ihrer Zustimmung rechnen. Vielleicht kam es an diesem zwanzigsten Geburtstag sogar zu einem Geständnis von beiden Seiten. Die Eltern sollten davon nichts erfahren, zumindest nichts Genaues. Erst einmal würde Martha ihr Probejahr als Lehrerin absolvieren, Rudolph sein Examen machen. Ein denkwürdiger Tag war es auf jeden Fall.

Schlösser auf dem Lande

1.

Endlich schien sich eine annehmbare berufliche Chance zu ergeben: Martha erhielt das Angebot einer Erzieherinnenstelle auf dem Lande. Als sie dem Vater mitteilte, worum es sich handelte, war er bemüht, ihr die bevorstehende Aufgabe zu versüßen. »In einem schönen Sinne dienen, d. h. also Pflichten übernehmen und erfüllen und dabei der Anerkennung aller Nächstbeteiligten sicher sein, ist etwas Hocherfreuliches, und diese Freude, denk ich, soll Dir zuteilwerden.« (8. 8. 1880)

Die erste richtige Anstellung! Der Hauptmann a. D. Max von Mandel, sechsundvierzig Jahre alt, und seine neun Jahre jüngere Ehefrau Eugenie, Eltern von fünf Kindern, waren durch ihren in Berlin lebenden Bruder Karl Walleiser auf Martha, die zwanzigjährige Tochter des bekannten Balladendichters Fontane, aufmerksam gemacht worden. Sie würde gewiß in der Lage sein, einen exzellenten Unterricht zu erteilen. Bei ihren zukünftigen Schülern handelte es sich um die dreizehnjährige Elisabeth, genannt Ella, die elfjährige Sophie sowie ihre jüngeren Brüder, den fünfjährigen Viktor und den vierjährigen Erich. Der älteste Sohn, der wie sein Vater Max hieß, war bereits im Internat. Die Familie lebte auf dem Rittergut Klein Dammer bei Stentsch im Regierungsbezirk Frankfurt an der Oder.

Martha willigte ein. Sie schaffte sich ein grünes Kleid und hübsche Stiefeletten an, packte Reisekoffer nebst Tasche und Korb und bestieg am 31. Juli 1880 die Bahn. Der Ort Klein Dammer lag bei Züllichau östlich der Oder. Sie traf pünktlich ein und wurde mit dem Pferdewagen abgeholt. »Wenn Martha schreibt, so schicke mir den Brief«, bat Fontane seine Frau. (5. 8. 1880) Er befand sich zum Erholungs- und Arbeitsurlaub in Wernigerode und las gespannt den ersten Brief. »Meine lieben Eltern – Wie gerne wäre ich ein halbes Stündchen bei Euch und stattete Bericht ab über die vielen Eindrücke, die ich seit gestern empfangen habe … Die 24 Stunden, die ich nun gerade hier bin, waren für mich so reich und anregend, daß ich meine, Bücher darüber schreiben zu können … Ich bin wie Papa mit der Kieler Bucht, denn statt über meine Stellung im Hause etc. zu reflektieren, tue ich nichts, wie Anschauungen und Erfahrungen gewinnen, die M. Fontane interessieren. Daraus ersehet ihr schon, daß es mir eigentlich gut gehen m u ß . Nicht brillant, sondern gut … Die Gegend ist, soviel ich davon gesehen, häßlich. Das Haus ist groß und freundlich, aber neu und uncharakteristisch.« (1.8.1880) Kaum las er den zweiten Brief, fühlte sich der Vater schon aufgefordert, der Tochter so schnell wie möglich seine Ratschläge zu erteilen. »Einen Punkt will ich hier eigens noch berühren. Wer dient, muß gehorchen und schweigen können.« (4.8.1880) Mete war wenig erfreut. »Ich scheine mich in meinen Brief etwas falsch geschildert zu haben«, konterte sie postwendend. Es gebe wirklich niemanden, der »auch nur den Schatten von Unterwürfigkeit von mir verlangt«, sie werde im Gegenteil wie ein geehrter Gast behandelt, »der Hausherr liest mir aus der Zeitung vor; Frau von Mandel sagt mir immerzu versteckte Liebenswürdigkeiten«, die Kinder seien reizend. (5.8.1880)

Das war keine voreilige Einschätzung. Die Mutter der Kinder behandelte die junge Lehrerin von der ersten Minute an wie eine eigene Tochter. Sie kümmerte sich um ihr Wohlergehen, nahm sie zu den Verwandten mit, sorgte für sie und verlangte nichts, was Martha nicht leisten wollte oder konnte. Von Anfang wurde sie mit Wohlwollen, ja sogar mit einer Zuneigung bedacht, wie sie es kaum gewöhnt war. Eugenie von Mandel sei die Krone des Hauses, bemerkte Mete, »hübsch, fein, mit gutem Verstande versehen«. Sie und die Kinder seien äußerst geschmackvoll angezogen, weshalb sie froh sei, ihr grünes Kleid mitgenommen zu haben. »Zu meinem außerordentlichen Wohlbefinden«, versicherte sie den Eltern, »trägt die bezaubernde Liebenswürdigkeit von Frau von Mandel allerdings das Meiste bei; es geht doch nichts über feine Herzensbildung und Wissen und Esprit.« Es war eine Bevorzugung, wie Martha sie von der eigenen Mutter kaum kannte. Für zwei Wochen seien jetzt die Eltern der Hausfrau zu Gast, Ehepaar Walleiser, »seitdem nannte sie mich ältestes Töchterchen – als ich zu Bett ging, habe ich vor Dankbarkeit geweint«. (14.8.1880)

Fontane war gerührt. »Ist es so und bleibt es so, dann ist es ein Ideal und zählt mehr zu dem Beglückenden als zu dem Bedrückenden des Lebens«, schrieb er am 8. August 1880 aus Wernigerode seiner Frau, die es gleich an Clara Stockhausen weitergab. »Gegenwärtig scheint etwas Sonne dadurch in unsere Herzen, daß Meta so sehr zufrieden in ihrer Stellung ist ...«, wobei sie eigens betonte, daß die Tochter sehr verwöhnt werde – ein kleiner Fingerzeig, daß sie es bei Stockhausens vielleicht nicht ganz so gut gehabt hätte. »Sie schreibt selbst: ›man behandelt mich wie einen geehrten Gast‹.«[15]

2.

Das Anwesen, das die Familie von Mandel mitsamt den zahlreichen Angestellten – dem Inspektor, der Köchin, dem Kutscher, den Haus- und Zimmermädchen – bewohnte, war ein zweistöckiges Gebäude, dessen Mittelteil von einem hohen Dreiecksgiebel im klassizistischen Stil überkrönt wurde. Mit den Anbauten zu beiden Seiten verfügte das Haus über insgesamt zwanzig Zimmer. Im Erdgeschoß lagen Salon, Wohn- und Gesellschaftsräume, im ersten Stock die Kinder-, Schul- und Arbeitszimmer, so daß Martha humorvoll – mit einem Begriff aus Goethes *Wilhelm Meister* – von der »Pädagogischen Provinz im Oberstock« sprach. Diese Provinz war ihr Reich. »Ich habe ein äußerst freundliches zweifenstriges Zimmer für mich ganz allein; nebenan schlafen die kleinen Mädchen; mir vis à vis liegt das große, kühle Schulzimmer.« (1.8.1880) Ihre Aufgabe bestand darin, zunächst die dreizehnjährige Ella und ihre elfjährige Schwester zu unterrichten; später würden auch noch die Brüder dazukommen.

Die unterschiedlichen Pflichten erforderten eine enorme Arbeitsleistung. Martha sollte die Mädchen in den Fächern deutsche Literatur, Englisch, Geschichte und Erdkunde unterrichten, ihnen außerdem durch Gesang- und Klavierstunden musikalische Kenntnisse vermitteln. Es stellte sich aber bald heraus, daß niemand im Haus musikalisch war! Mit großem Elan war sie bemüht, bei ihren Schülerinnen das Fehlende nachzuholen; zugleich wollte sie Mandels ihr Können beweisen. Die Eltern in Berlin staunten, was sie zu leisten hatte. »Ich stehe um ½ 7 auf ... wasche mich, mache das Haar, ziehe mein grünes Kleid an und binde eine von den hübschen Mutterschleifen um«, die statt eines Kragens den Hals schmückten. »Um ½ 8 frühstückt die Familie gemeinsam, um 8 beginnt der Unterricht, der bis 12 dauert ... Um ¼ 1 wird gegessen, dann gehen wir einen Moment auf die an das Speisezimmer stoßende Terrasse, und von 2-4 bemühe ich mich noch einmal, meine Zöglinge gelehrt zu machen. Um 4 gibt es Kaffee, jetzt, wo Logierbesuch hier ist, auch schönen eigengebackenen Kuchen. Dann wird bis ½ 6 vor der Tür gesessen und gehandarbeitet, wo wir zum Arbeiten bis gegen 8 verschwinden. ¼ Stunde vor dem Abendessen spiele ich gewöhnlich Klavier ... um 10 ist alles müde und trennt sich um ¼ 11 bereits halbschlafend.« (22.8.1880)

Mit dem Eifer der Anfängerin arbeitete sie übertrieben viel, bereitete sich zu jeder Stunde gründlich vor und strengte sich übermäßig an, um Erfolge aufzeigen zu können. Sie las bis in die Nacht, stand um sieben Uhr noch vor der Familie auf, wollte alles nicht nur besser, sondern ausgezeichnet machen – das konnte nicht lange gutgehen. »Gestern bin ich um 5 aufgestanden und hab mit Ella die Wirtschaft besorgt; bei den Kühen, in der Milchstube und bei den Hühnern«, heißt es Ende August. (31. 8. 1880) War sie diesen Anstrengungen überhaupt gewachsen?

Fontane fand ihre natürliche und treffende Ausdrucksweise beachtlich. »Mein lieber Papa – Hier ist beständig Regen, Schwüle und Kälte; wir haben trotz August erst zweimal im freien sitzen können; mir persönlich ist es ziemlich gleichgültig, wie die Witterungsverhältnisse sind, aber für das Land ist es schlimm; die Kartoffeln fangen nächstens an zu faulen. Glücklicherweise leidet die Stimmung im Hause nicht unter der sehr mäßigen Ernte ...« (14. 8. 1880) »Sofie's Ziege hat ein Junges; – eine Geburt und selbst ihre Vorstadien sind das Hauptgesprächsthema auf dem Lande; entweder kalbt eine Kuh oder es ferkelt eine Sau oder die Martnern hat den 6ten Jungen ...« (10. 2. 1881)

Von der ältesten Tochter Ella berichtete sie lange Zeit nur Erfreuliches und sah in ihr eine Art Verbündete: Ella habe erklärt, »wenn sie ein Mann wäre, heiratete sie mich«. Sie sei zwar launisch, aber intelligent und begabt.

Ein halbes Jahr später schon klang es völlig anders. Martha klagte heftig über Ellas feindliches Verhalten, das ihr das Leben schwermache. »Ich habe mich eben wieder recht über Ella geärgert«, hieß es dann, »sie war so namenlos ungezogen gegen ihre Großmutter ... es ist mir angeboren, Respekt vor weißen Haaren zu haben. Ella ist überhaupt sehr unliebenswürdig, was ihre Mutter auch sehr betrübt; und wenn ich mich ab und zu in ihr wiedererkenne, wie auch ich gegen meine Geschwister war, schäme ich mich noch nachträglich herzlich.« Besser ging es mit der jüngeren Sophie, die zwar weniger begabt, aber auch weniger hochnäsig sei und Fortschritte mache, auf die ihre Lehrerin stolz war. Den fünfjährigen

Viktor erklärte Martha zu ihrem Liebling, wobei es merkwürdig wirkt, daß sie ihn seiner Frechheiten wegen öfters einer »Prügelstrafe« unterziehen mußte. Damit wiederholte sich, was sie als Kind erlebte, wenn die Mutter ihr mit der Rute drohte.

Selbstverständlich wird in den Briefen an die Mutter immer auch der Vater erwähnt, es war gleichsam ein Gespräch auf Papier. »Papa ist doch recht bekannt, besonders durch das ›Daheim‹ und die ›Wanderungen‹«, meldete Martha geschmeichelt. »Nächstens soll ich nun den Roman vorlesen.« Gemeint war Fontanes Roman *Vor dem Sturm*. »Heute fand ich ein altes Gedichtbuch; mein erstes war wie immer, im Dichterverzeichnis nach Theodor Fontane zu suchen … wie ich nun so blättre, finde ich die Feldherrnlieder des Obenerwähnten« – eine Genugtuung! Wie sehr sie im Brief an die Mutter an den Vater dachte, beweist die unvermittelte Anrede an ihn: »Ich denke, Du bist doch etwas einsam, und da ich nur Gutes zu schreiben hatte, wollte ich Dir etwas vorplaudern. Einen Kuß von Deiner Dich zärtlich liebenden Mete.« (5.8.1880) »Was denkst Du denn nun zu arbeiten? denn, das weiß ich, große Pausen machst und kannst Du ja leider nicht machen; – dabei sind es so nette Tage, wo Du nur ›pusselst‹ und die Tür zu Deinem Zimmer nicht wie der Eingang zur Unterwelt bewacht werden muß …« (19.9.1880) Die Korrespondenz geriet zu einem veritablen Gedankenaustausch. »Es freut mich herzlich, daß Ihr Freude an meinen Briefen habt; sie erfüllen so ihren Zweck; ich werde sie wohl nie wieder lesen, mir mißfallen alte Briefe von mir stets«, jetzt aber wolle sie weiter den Eltern »etwas vorplaudern«. »Was Papa in Bezug auf mich geäußert hat, hat mir unendlich wohlgetan und mich für manche kleine Überwindung königlich belohnt.« Als erste Leserin seiner Werke verkündete sie ihm auch ihr wohlmeinendes Urteil: sie schätze am meisten »*Grete Minde,* was poetischen Zauber, und *L'Adultera,* was Charakterzeichnung und allerhöchste und subtilste Moral betrifft«. Beide Werke seien »unübertrefflich«. (31.8.1880)

Der Autor dieser unübertrefflichen Werke antwortete aus Wernigerode. Fontane floh regelmäßig in den heißen Sommermonaten an die See oder in die Berge, in den Harz oder ins schlesische Riesengebirge. Er brauchte Ruhe und Natur und statt des Gestanks aus dem Landwehrkanal frische Waldluft, um arbeiten zu können. In diesem August war seine Stimmung gereizt, einerseits wegen des schlechten Wetters, dann wegen der ermüdenden Diskussionen mit Frau Emilie über den Geldmangel und seine angebliche Verschwendungssucht. Es sei nicht besonders liebenswürdig, ihm immer wieder »die kümmerlichen 2 Taler« vorzuhalten, schrieb er. »Es mag, um der steten Unsicherheit meiner Existenz willen, schwer gewesen sein mit mir zu leben«, doch dafür sei er wenigstens ohne Ecken und Kanten, während sie keine Nachsicht kenne. (10. 8. 1880) Eine frohe Botschaft konnte er melden: seine Novelle *Ellernklipp* war für *Westermanns Illustrierte Deutsche Monatshefte* angenommen worden. Emilie gab die guten Nachrichten weiter. »Mein Mann hat in letzter Zeit viel Freude mit seinen Arbeiten erlebt«, erfuhr Clara Stockhausen, »die ›Wanderungen‹ sind seit dem Herbst in zwei Auflagen erschienen, außerdem ist von den besten Blättern Nachfrage in dringlichster Weise nach Beiträgen. Gottlob ist er trotz beständig angestrengter Arbeit frischer denn seit Jahren ...«

Wie Fontane im Tagebuch notierte, war es Martha, die ihm »auf dem Ilsenstein« im Harz den Stoff erzählt hatte. Zahlreiche Martha-Details waren in die Geschichte eingeflochten. Vom Pflegekind Hilde Rochussen, insgeheim die uneheliche Tochter eines Grafen, heißt es: »Ja, Gräfin, es ist eine sehnsüchtige Natur, die Liebe will ... Danach trachtete sie durch Tag und Jahr und wartete darauf und wartet noch.«[16] Martha hatte ihm versichert, sie könne an Gleichaltrigen keinen Gefallen finden und bevorzuge ältere Männer. In *Ellernklipp* wird das Thema »junge Frau – alter Mann« erstaunlich positiv behandelt. »Es sind nicht die schlechtesten Ehen, wo der Mann sein Ansehen verdoppelt, weil er zugleich ein Vater und Erzieher ist«, sagt der alte Heidereiter und Pflegevater der jungen Frau. Bei den Lesern stieß die Verbindung des ungleichen Paares jedoch auf Widerspruch.[17]

3.

Als Tochter eines bekannten Schriftstellers wurde Martha Fontane im Haus der Familie von Mandel zwar besser angesehen als eine gewöhnliche Erzieherin, doch zugleich erwartete man auch besondere Leistungen von ihr. Die Berühmtheit des Vaters verlieh ihr einen Status, den sie auch unbedingt anerkannt sehen wollte. »Wir sind doch unendlich verwöhnt durch die geistige Atmosphäre unserer kleinen Wohnung«, stellte sie fest; »ich persönlich habe nur Vorteile durch diesen Stand der Dinge; ohne etwas tun zu müssen, bin ich durch das, was ich bin, schon geschätzt, und das ist bequem und angenehm.« (22. 8. 1880) Sie sei von Herzen dankbar, sehe aber allerdings mit Erstaunen, »wie unendlich, gar nicht zu sagen, verwöhnt man in Berlin durch Menschen, Gesprächsthemata und deren Behandlung ist«. (10. 9. 1880) Fontane muß ihr positiver Blick auf Berlin gefallen haben. Als der Schriftsteller Wichmann ihn um Auskünfte über die preußische Hauptstadt bat, antwortete er stolz: »Berlin selbst hat sich außerordentlich verändert und ist jetzt eine schöne und vornehme Stadt. Wir verdanken das allem möglichem, aber doch weitaus am meisten dem Asphalt und den Pferdebahnen … Alles ist Leben, Frische, Wohlgekleidetheit. Ich freue mich, diese vernobelte Zeit, an die ich kaum geglaubt, noch erlebt zu haben.« (2. 6. 1881)

An den Vater wandte sich Martha bei allen Fragen des Literaturunterrichts als ihren eigentlichen Adressaten. Er pflegte auch bereitwillig Auskunft zu geben. Als er aber meinte, den Hausherrn über Gebühr loben zu müssen, erhielt er eine strenge Belehrung. Herr von Mandel sei derb und oft unhöflich, »er scheint zu den Männern zu gehören, die von vornherein so von ihrer Superiorität über jedes weibliche Wesen überzeugt sind, daß man ihrer Ansicht nur eine ruhige Heiterkeit entgegensetzen kann«, antwortete sie. »Mir ist es jetzt völlig begreiflich, daß gute Bücher wenig gekauft werden«, denn das Desinteresse sei enorm, man lese höchstens die Zeitung.

Schon bald hatte sie die Nachteile des Lebens auf dem Land durchschaut, jammerte über den Mangel an guter Lektüre und klagte über die wenig geistreichen Gespräche der Schloßbewohner, woraufhin der besorgte Vater den Rat gab: »Laß keine Briefe umherliegen ... Solche, die einem irgendwie Verlegenheiten schaffen können, muß man gleich verbrennen oder in kleine Stücke zerreißen.« (4.8.1880) Über das Niveau der »guten Gesellschaft«, über die auf dem Land herrschende »Dummheit, Geschmacklosigkeit und Unbildung« konnte sie sich kaum beruhigen. Sie schweige oft, schrieb sie, weil man sie doch nicht begreifen würde. Sie spürte ihre geistige Überlegenheit, litt aber zugleich darunter, mit ihren Gaben und Begabungen, die sie hier doppelt wahrnahm, nichts Rechtes anfangen zu können. (10.9.1880)

Die Zwanzigjährige verfügte über eine scharfe Beobachtungsgabe und erforschte mit eindringlichem Blick die Verhaltensweisen der halb aristokratischen, halb bürgerlichen Gesellschaft der Bismarckzeit. »Gestern Abend war ziemlich hitziges Gefecht zwischen Konservativen und Nationalliberalen in Klein Dammer; als Vertreterin der Linken nur meine Wenigkeit, aber ich hielt Stand ...; ich war in der Defensive und benutzte möglichst geschickt die Blößen meiner Gegner; den hiesigen rhetorischen Größen gegenüber das Feld zu behaupten ist nicht allzu schwer ...« (19.9.1880) Ihr eigener Standpunkt sei klar, und Herr von Mandel habe sich sehr in ihr verrechnet: »ich werde doch nie konservativ, so gern ich die Aristokratie habe.« (17.10.1880)

Sie schilderte den Eltern – wobei hauptsächlich der Vater gemeint war – die charakteristischen Lebensgewohnheiten des märkischen Landadels. »Vorgestern waren wir in Stentsch bei einer Familie v. Kalkreuth ... Unsere Kinder sind immer die nettesten; in Stentsch würde ich es nicht aushalten können, schon der feuchten, typhösen Luft halber; mich hatte der eine Nachmittag in Kopf und Hals elend gemacht. Herr v. Kalkreuth zeigte mir Dein ›Oderland‹, und der Candidat schwärmte für Deine ›Balladen‹.« (24. 9. 1880)

Alles wurde beobachtet. »Hier geht das Leben gesellig weiter; die Kinder werden mir zerstreut und Ella in ihrem Hang, die Erwachsene zu spielen, sehr bestärkt. Vorgestern waren zu Tisch hier Graf Lippe aus Neudorf mit Gemahlin, Sohn und Tochter (beide gelähmt). Er hatte 14 Kinder, neun sind am Leben, darunter keiner recht gesund; der einzige ordentliche, der älteste Sohn, ist vor einem halben Jahr gestorben.« (10. 9. 1880) Regelmäßig graute ihr vor großen Gesellschaften, weil sie »weniger denn je, einen Zug zur Jugend habe und mit Altersgenossen beiderlei Geschlechts nie was anzufangen weiß ...« (17. 10. 1880)

Sie war gewohnt, daß der Vater seine Mitteilungen gern im Ton heiterer Unterhaltung zu gestalten pflegte und bei einer Erkältung seufzte, »die Fahne, die wir hissen, ist das Taschentuch, darunter auch getrocknete«. (19. 10. 1879) Von ihm übernahm sie die Art, ihre Briefe mit Witz zu garnieren. »Lernen und der Unterricht machen mir viel Spaß, und die Liebe der Kinder tut mir wohl«, schrieb sie Ende August 1880. »Sie schwärmen ein bißchen für mich, und wenn ich nach den 12 obersten Göttern frage, wird Metechen als 13te genannt.« Er bemerkte ihre Neigung zur Ironie, wenn sie schilderte, wie Hausherr Max von Mandel die Beine auf den Tisch legte, oder die Nutzlosigkeit ländlicher Kutschenfahrten und überflüssiger Ausflüge beklagte. »Es ist nicht zu verlangen, daß ich mir aus der hiesigen Gesellligkeit etwas mache; man fährt im Winde mit zerzaustem Haare womöglich stundenlang, kommt an, trinkt Kaffee, füllt mühsam die Pause bis zum Essen aus und fährt unbequem sitzend zurück; dazu ist mir meine freie Zeit zu schade ...« (24.9.1880) Sie habe sich standhaft, aber vergebens geweigert, an solchen Ausflügen teilzunehmen. »Ich setze mich hin, übe eine Stunde Brahms und will eben anfangen zu schreiben, da kommt Max (der Sohn) atemlos angelaufen: Fräulein, ich bin eben von Walmersdorf hergelaufen und spanne gleich den Fuchs an, machen Sie sich bitte fertig, sie wollen alle durchaus, daß Sie kommen sollen ...« (14.10. 1880)

Martha sah vieles – um nicht zu sagen alles, was ihr begegnete – auch mit den Augen des Vaters. Möglich, daß sie ihm Anregungen zu Novellen liefern wollte. Sie schilderte die Atmosphäre des Ritterguts, die Bewohner der umliegenden Schlösser und die Verwandten auf eine Weise, wie er sie als Vorbilder zu seinen Gesellschaftsromanen brauchte. Ihre Formulierungen waren derart lebendig, daß der Adressat sich unwillkürlich in die Welt des Adels auf dem Lande versetzt fand. »Der Walmersdorfer Gutsherr zeigte mir eine Stunde lang seine ganze Besitzung und führte mich selbst in Leutewohnungen hinein ... Walmersdorf ist größer wie Dammer, hat 18 Paar Pferde, 1200 Schafe und viele Kühe und Schweine, außerdem wird Spiritus gebrannt.« (März 1881) Die Mutter erfuhr Einzelheiten über das ländliche Pfingstfest. »Früh wurde gebacken, und zwar in unglaublichen Quantitäten; ich habe in meinem ganzen übrigen Leben noch nicht so viele Eier aufgeschlagen wie heute in ein paar Stunden.« (Juni 1881) Nach einer Zusammenkunft bei Mandels erfuhren die Eltern: »Die Herren sprachen über Pferde und Rübenanbau. Die Frauen zwischen 20 und 40 tuscheln beständig ... die zwischen 40 und 60 unterhalten sich über Mamsells, Gurkenrecepte und das Einkampfern von Pelzsachen, die ganz alten Damen erzählen sich, wie es in ihrer Jugend in Brätz auf dem

Pferdemarkt zuging, und die ›Tanten‹ klagen über Rheumatismus.« (13.6.1881)

Sie beschrieb, was den Schriftstellervater am meisten interessieren würde: gesellschaftliche Verhältnisse, Standesunterschiede, Zwänge und Konventionen, eben das, was er in seinen Büchern darzustellen pflegte. So schilderte sie die unverhältnismäßig großen Ausgaben, die nur des äußeren Anscheins wegen in adligen Haushalten getätigt würden, »aber in derartige Lagen kommen die Menschen wohl häufig, die für die gesellschaftliche Stellung, die sie einnehmen m ü s s e n und einnehmen w o l l e n «, alles tun. (16.1.1881) Manche Beobachtung scheint tatsächlich in den Roman *Effi Briest* eingeflossen zu sein, etwa wenn die die frischverheiratete Effi ihre obligaten Besuche beim Landadel von Kessin absolvieren muß. »Der Eindruck, den Effi empfing, war überall derselbe«, heißt es bei Fontane, »mittelmäßige Menschen von meist zweifelhafter Liebenswürdigkeit, die, während sie vorgaben, über Bismarck und die Kronprinzessin zu sprechen, eigentlich nur Effi's Toilette musterten, die von einigen als zu prätentiös für eine so jugendliche Dame, von anderen als zu wenig decent für eine Dame von gesellschaftlicher Stellung befunden wurde.« So hatte es auch Martha bei ihrem Erscheinen im Umfeld der Mandels erlebt.

Im September standen die Herbstferien bevor. »Mittwoch wollen wir zu einer Ausstellung nach Züllichau.« Sie habe gebeten, zu Hause bleiben zu dürfen, das wurde abgeschlagen mit der Begründung des Hausherrn: »Wir wollen Staat mit Ihnen machen.« Das war einerseits schmeichelhaft, andererseits beklemmend. Jeden Tag freute sie sich mehr auf die Fahrt nach Hause. »Wenn ich denke, daß ich heute in 3 Wochen möglicherweise in Papa's Stube beim Kaffee sitze, Du lebhaft erzählst, und Papa mit vielen Kissen zugedeckt auf dem Stück Inlet liegt, die gehäkelte Decke unter dem Kopf hat, nickt und lacht mit seinen schönen Augen, dann wird mir ganz ›schwummlig‹. Ich freue mich auf meine kluge, ge-

bildete Familie ...«, meldete sie. (19.9.1880) Des Vaters schöne
Augen – er war es, den sie liebte und bewunderte. »Ich halte es für
das schönste und beneidenswerteste Glück, Papa's Frau sein zu
können«, gestand sie der Mutter im Oktober 1880, »und ich weiß,
daß Du ebenso denkst und das macht mich glücklich.« Die Be-
kundung der Zwanzigjährigen klingt wie eine veritable Liebeserklärung.

4.

Zurück in Klein Dammer, hielt die Post für Martha eine Nachricht
bereit, die sich als regelrechter Schock erwies: ihre heißgeliebte einzige Freundin Lise Witte aus Rostock hatte sich verlobt! Der Schreck
saß tief und brachte sie regelrecht aus der Fassung. Mitten im Unterricht hatte sie sich in ihr Zimmer »heraufgestohlen«, um dem
Vater die Neuigkeit zu berichten. Sie freute sich – doch mehr noch
litt sie. Ihre Schilderung, wonach der Landwirt Richard Mengel
aus dem pommerschen Kolberg die reizende Lise bei einem nächt-
lichen Fest in Doberan kennengelernt hatte, veranlaßte den Dichter-
vater allerdings, das Ereignis mit leisem Spott zu einem Märchen
mit Schäfer und Prinzessin umzudeuten, um Mete auf die Realität
hinzuweisen. Er sah, trotz Geigen bei Mondenschein, die Wirklichkeit. Mete müsse weder neidisch noch eifersüchtig sein. Es sei klar
ersichtlich, daß der junge Richard Mengel weder Land noch Gut
sein eigen nenne; das müßten die bekanntermaßen reichen Wittes
erst noch für ihn erwerben. Der ganze Brief hatte nur den einen
Zweck: die Tochter zu beschwichtigen. »Äußerlich gesehen ist es
k e i n e glänzende, ja beinah eine gewagte Partie«, behauptete er.
»Denn Güterkäufe sind immer etwas Mißliches.« Gewiß würde
Mete darauf bestehen, zur Verlobungsfeier nach Rostock zu reisen.
»Ergeh es Dir gut und sei nicht zu aufgeregt.« (9./11.11.1880)

Sein Wunsch erfüllte sich nicht. Mete war vor Aufregung halb-tot, schlief schlecht, schlief überhaupt nicht mehr und hatte keinen Appetit. Schon immer labil und hypersensibel, wurde sie jetzt krank auf eine Weise, die sie körperlich wie seelisch an den Rand ihrer Kräfte brachte. »Montag nun gegen Abend bekam ich einen sich nach kurzen Pausen 3, 4 Mal wiederholenden Unterleibskrampf und stand entsetzliche Schmerzen aus. Besonders war der untere Teil des Rückens affiziert. Am Dienstag und Mittwoch hatte ich auch auf Stunden wieder sehr zu leiden und war vollständig wie gelähmt, konnte weder sitzen, liegen noch stehen und war von den wahnsinnigen Schmerzen ganz heruntergekommen ...« Was war es, das die Zwanzigjährige in solche Zustände versetzte? Frau von Mandel habe alles getan, »was man einem Menschen Liebes erweisen kann«. Martha wurde mit Wärmflasche und heißen Steinen, mit Tee und Wein behandelt, doch ihre Angst vor neuen Anfällen blieb. »Ich bin heute wieder leidlich auf dem Posten, sehe aber ordentlich abgemagert aus und habe lauter alte, häßliche Linien im Gesicht. Ich habe mich auch zu sehr zusammengenommen ... eine Klavierstunde habe ich gegeben, in der ich immer auf der Erde lag und mich wand.« (26.11.1880)

Sie sehnte sich nach dem Vater, der ihr mit seinem hellen Blick für alles Schöne die Augen geöffnet habe. Dabei dachte sie an die gemeinsame Zeit in Wernigerode. »War Papa nicht dabei, fand ich den ganzen Spaß verfehlt und sah nur schlechtes Pflaster und häßliche langweilige Menschen; wie mit einem Schlage änderte es sich in Papas Gegenwart und, als hätte ich andere Augen bekommen, war ich im Moment versetzt in eine reiche Welt des Interessanten, Komischen und selbst Erfreulichen.« (21.11.1880) Seine Kunst des Schauens und Anschauens fehlte ihr. Wäre er da, würde ihr auch die Welt von Klein Dammer in einem interessanteren Licht erscheinen.

Anfang Dezember schien es ihr besserzugehen, zumal die Weihnachtsferien bevorstanden. »Papa hat es wie immer getroffen; ich bin momentan ganz gesund, nur angegriffen und unelastisch. Ich werde gepflegt wie man einen Liebling pflegt und der Unterricht tut mir vielleicht gut.« In ihrem Sehnsuchtsbrief bat sie die Mutter, stellvertretend »einen vielsagenden Kuß auf die Dichterstirn meines Vaters zu drücken«. (3.12.1880) Der gute Zustand hielt jedoch nicht lange vor. Clara Stockhausen mit ihren kleinen Kindern wird vielleicht froh gewesen sein, keine kranke Martha im Haus zu haben, denn Emilie teilte ihr mit: »unsre Mete ist seit 8 Tagen hier, um sich von Nervenzufällen zu erholen, die sie sich durch Überarbeitung zugezogen hat. Sie hat bei ihrem krankhaften Ehrgeiz zu viel geleistet.« (17.12.1880) Fontanes »Take it easy« war der Tochter nicht gegeben. »Die Ruhe hier ist himmlisch und tut mir sehr wohl; weniger nervös werde ich aber doch nicht, das verhindert das Unterrichten ... Ich glaube, ich nehme manches zu schwer und habe nicht das rechte Talent zum ›Easyteaken‹ ...« (3.11.1880) Der Vater glaubte, ihre Flatternerven, die Schwäche, die schwarzen Ringe unter den Augen seien eine Nachwirkung der schweren Typhuserkrankung, die sie vor zwei Jahren durchgemacht hatte. Auch er war als Einundzwanzigjähriger lebensgefährlich erkrankt; er berichtet es in seiner Autobiographie *Von Zwanzig bis Dreißig*. »Ich hatte, fast durch ein Jahr hin, in meiner Leipziger Hainstraße glückliche Tage verlebt. Da mit einem Male war es vorbei damit. Ich wurde krank ... ein Wiederaufflackern des Typhus, den ich, gerade ein Jahr vorher ... durchgemacht hatte. Dies periodische Wiederaufleben einer nicht ganz überwundenen Krankheit ist etwas sehr Übles und ich bin davon beinahe dreißig Jahre lang immer aufs Neue heimgesucht worden.« So erging es auch Martha, die den Januar »einen typhösen Monat« nannte und ihre »nervösgastrischen Herbstzustände« als eine »Typhus-Hinterlassenschaft« bezeichnete. (14.10.1880) Der Vater hatte schon vor einem Jahr gewarnt: »Versäume nicht, Dr. Brummerstaedt wissen zu lassen, daß Du vor gerade Jahresfrist ein nervöses Fieber gehabt hast. Ich weiß leider aus eigener Erfahrung, daß diese Zustände jahraus jahrein und fast immer um dieselbe Zeit wiederkehren.« (24.10.1879) Sein Trost: »Solche Nervenpleite hat immer ihre Zeit, meist 7 Wochen, und wenn d i e vorüber sind, so stellt sich ein leidlicher Zustand wieder ein.« Sein Rat: »Luft und Bewegung sind die eigentlichen Geheimen Sanitäts-Räte.«

5.

Als Martha nach verlängertem Urlaub zu Mandels zurückkam, empfing das ganze Haus sie mit größtmöglicher Herzlichkeit. »Ich werde noch immer von Aufmerksamkeiten fast erdrückt ... ich werde rührend gepflegt; denke Dir, zum 2ten Frühstück Bouillon und ein Wurstbrötchen.« Hausfrau und Kinder seien »zärtlich und aufmerksam«. Sie schien sich zu erholen, und nach dem ersten winterlichen Ausflug fand sie sich auch äußerlich vorteilhaft verändert; sie sehe »mit Pelzmütze und großem blauen Schleier ordentlich jung und hübsch aus«. Es ist bewegend, wie oft die Zwanzigjährige, die mit ihrem Anblick fast nie zufrieden war, ihr Aussehen kontrollierte und von Schönheit träumte. Fontane hatte seiner Mutter schon von der Neunjährigen berichtet: »Martha mausert sich sehr heraus und wird elastisch, graziös, leider auch eitel, putzsüchtig und schulschnabbrig.« (29.5.1869) Eitel und modebewußt war sie geblieben. Nacheinander wurden das grüne, das gelbe und das teure Futteralkleid anprobiert, Schürzen und Schleifen erprobt, die Wirkung der Pelzstiefel und der »Blumen am Busen« betrachtet, mit der Mutter wegen Stoffen, einem blauen Satin und den Kosten der Schneiderin verhandelt. (9.5.1881) Für ihre »Putzsucht« hatte sie auch eine Begründung parat: je eleganter man auftrete, desto größer sei das

Ansehen, das man genieße. »Du hast Recht gehabt«, so im Oktober an die Mutter, »ich hatte in Kranz mein Blaues an und sah sehr gut und schlank aus, wurde für die älteste Mandel'sche Tochter gehalten, was mir Frau v. M. mit schmeichelhaften Nebenbemerkungen erzählte.«

Es dauerte nicht lange, bis der Ärger mit Ella erneut aufflammte. Das Mädchen verdarb ihr durch schnippisches Verhalten und freche Bemerkungen den Unterricht. Sicher wußte Martha, daß die Schülerin sie absichtlich provozierte, doch diese Erkenntnis bewahrte sie nicht vor Nervenzuständen und Verzweiflung. Ella kränke sie »in Wort und Blick«, das brachte sie aus der Fassung, sie mußte sich in ihr Zimmer retten, »um mich einigermaßen zu beruhigen«. (16. 2. 1881) Als älteste Tochter des Hauses – »sie ist doch ein wahres Gräuel« – erprobte Ella ihre Macht. »Es gibt keinen Tag, wo mich Ella nicht bis in's Innerste kränkt oder beleidigt.« Martha schlief nicht mehr, »neuerdings leide ich am Schwindel«, bekam Migräne und konnte kaum mehr arbeiten. Eigentlich hätte sie wissen können, daß in der Hauptsache reine Eifersucht die Ursache des renitenten Verhaltens war. Doch die Herablassung, mit der die Schülerin sie behandelte, führte bei Martha zu hysterischen Anfällen, ihr Gesicht war voller »Angstflecken«, sie trank zur Beruhigung Alkohol und nahm Tabletten.

Fontane bemühte sich, für die unerfreuliche Situation begütigende Worte zu finden. »Papa's Winke in Bezug auf Ella habe ich dankbar aufgenommen ...«, heißt es dann aufatmend. Im Juni schrieb er ihr: »Es freut uns stets, von Deinem Wohlbefinden zu hören, am meisten wenn Friede mit Ella herrscht. Wir können alle keinen Ärger ertragen und das ist eine Art Lebensunglück. Man muß Ärger aushalten können; wenn man es nicht kann, wenn man ihm überall aus dem Wege geht, so erreicht man nichts ... Wer nicht zum Turniere kommt ... der kann auch den Kranz nicht gewinnen ...«

Wenn die Nachrichten von zu Hause erfreulich klangen, konnte Marthas Gefühlspendel auch ebenso schnell wieder nach der positiven Seite ausschlagen. Verleger Hertz hatte dem Schriftstellervater neue Angebote für die Novellen *Grete Minde* und *L'Adultera* gemacht und eine vierte Auflage der *Wanderungen* angekündigt, ihm sogar den Vorschlag für einen weiteren Band unterbreitet. Emotional schnell erregbar, geriet Mete in einen wahren Glückstaumel und wußte sich vor Freude nicht zu fassen. »Ich habe eine Viertelstunde lang juchzende unartikulierte Laute ausgestoßen, so furchtbar habe ich mich gefreut; wie gönne ich meinem geliebten Vater eine Aufmunterung und wie nötig war sie ihm.« Zum zweiten Frühstück wünschte sie ihm Kaviarbrötchen: »Ich habe nicht gedacht, daß ich mich noch so leidenschaftlich freuen könnte; aller Ärger der letzten Tage ist wie nicht gewesen ...« Der Mutter befahl sie: »Grüße meinen geliebten Vater, rücke die rote Mütze ab und küsse ihn von mir auf seine liebe Stirn und sage ihm, daß so sehr ein Mensch sich für den Anderen freuen könnte, so weit und herzlich freue ich mich für ihn.« (19.2.1881) »Meines lieben Papas gedenke ich auch stündlich; wie freut es mich, daß ihm seine Novelle bis jetzt Vergnügen macht, Lust und Liebe sind die Fittige zu großen Taten – und guten Novellen.« (21.2.1881)

Offenbar hatte die Mutter ihr einen Vorschlag unterbreitet, bei dem Martha mehr Geld verdienen könnte; von »helleren pekuniären Aussichten« war die Rede. Doch damit stieß sie auf geharnischten Widerspruch. Was die »helleren pekuniären Aussichten« betreffe, »sie sind doch nur für anspruchslose Menschen überhaupt nennenswert, und etwa Sicheres bieten sie so wenig wie unser ganzes häusliches Existenz-Gebäude« – dieser Vorwurf richtete sich gegen die unsicheren Einnahmen durch den Schriftstellervater, der ohne Aufträge nichts erwarb. »... und dann ist es nach wie vor meine Absicht, niemals in Berlin, niemals in Berlin eine Stellung anzunehmen«, betonte sie zweimal, »weil ich die daraus entstehenden Konflikte zu deutlich vor mir sehe. Ich wäre also für Dich und Papa ein vollkommener Luxusartikel«, fuhr sie fort, »und wenn Ihr nun meint, Euch den gewähren zu können, ist die Sache ja erledigt; es ist, wie Dir Tante Witte bezeugen kann, immer ein Lieblingssatz von mir gewesen: Ich fühle, ich bin eigentlich nur ein Luxus und werde mich nur glücklich fühlen, wenn ich als solcher aufgefaßt werde.« (2.3.1881)

Das war schwer verdauliche Kost! Dem Vater gefiel diese Einstellung in keiner Weise, er fand sie anmaßend und im Grunde hochmütig. Schon vor wenigen Tagen hatte Mete seinen Unwillen erregt, als sie nach einer Fahrt zum Rittergut der Tiedemanns bemerkte: »Krantz ist ein wunderschönes Gut und hat auch ein wirkliches Schloß, das mit Reichtum und Geschmack eingerichtet ist; es ist doch nichts vornehmer wie Reichsein«, sie kenne keinen Neid, »mir ist nur die Form, in der sich das Leben im Hause reicher und feiner Leute gibt, *ganz außerordentlich sympathisch* ...« Trotz seiner üblichen Langmut wurde Fontane ungehalten, wenn er lesen mußte: »... je schöner die Räume, je gewandter die Wirte, je glänzender die Verpflegung, je mehr fühle ich mich *at my ease* und komme mir vor wie ein Fisch, der in seinem natürlichen Element ist.« Metes Anspruchshaltung erschien ihm unangemessen; sich in Klein Dammer wie eine junge Fürstin zu fühlen war lächerlich und peinlich. Sollte sie ihr Selbstbewußtsein nur über Geld finden, wäre sie kaum imstande, das Leben realistisch zu sehen, sagte er zu Emilie. »Die Kleinheit unseres Lebenszuschnitts ist ihr unerträglich.« Marthas Gleichsetzung von Reichtum mit Vornehmheit war ein Irrtum, den er im Roman *Frau Jenny Treibel* mit einigem Spott zurechtstutzen würde.

Im Frühjahr startete man in Klein Dammer zu einem großen Diner, zu dessen Vorbereitung auch Martha eingespannt wurde. Sie schilderte ihren dafür aufgeschlossenen Eltern die Aufregung des Personals, den ungewöhnlichen Aufwand und das Buffet, das angesichts der sonstigen Sparsamkeit – Mete sprach von Geiz – eine stattliche Speisenfolge bot. Es gab »Bouillon, Kaviar, Filet und Kalbsrücken, Hechte, Blumenkohl und Erbsen, Hummermayonnaise, Pute und Hirsch, Eis, Baumkuchen, Konfekt, Obst, gute Weine«. Die größte Rolle spielte für sie ihr gelbseidenes Kleid, das 50 Mark und damit einen Monatslohn gekostet hatte: »um ½ 3 war ich fertig und sah für meine Verhältnisse sehr gut aus, wie eine Italienerin mit einer Berliner Figur; die Nelken erregten die allgemeine Bewunderung. Nie habe ich so wie gestern das Besiegende einer eleganten Erscheinung empfunden.« Sie genoß das Fest, mußte sich aber auch wieder ärgern. »...bis vor kurzer Zeit hat mir meine ganze berühmte Klugheit im praktischen Leben wenig genutzt, und es klingt mir noch in den Ohren, wie Papa zuweilen zu mir gesagt hat: Wie kann nun ein sonst so gescheuter Mensch sich so benehmen; – jetzt bin ich so weit, mich klug zu benehmen, und das ist mir eine große und erfreuliche Acquisition; denn das werdet Ihr mir gewiß glauben, daß meine ganze Stellung immerhin difficil ist und daß es an Gelegenheiten zu Taktlosigkeiten nie fehlt...« Zwar habe sie »besonders von Seite der älteren Herren (das ist nun mal mein Fach)« einige Lobeshymnen gehört, doch zugleich das Problematische ihrer Stellung mehr als sonst empfunden, »weil 7/8 aller Herren glauben, *eine Erzieherin muß getröstet werden* ...« (1.3.1881)

Die grüne Lampe

I.

Am 21. März 1881 wurde Martha einundzwanzig Jahre alt und damit volljährig. Sie verbrachte den Tag alleine, nur die kleinen Söhne waren im Haus, die übrige Familie von Mandel zu einem Ausflug unterwegs. Es war ihr schmerzlich, »nicht einen lieben Menschen bei mir zu haben, nicht aus einem Paar Augen Gutes und Freundliches lesen zu können.« Der vergötterte Papa!

In sein Tagebuch notierte Fontane: »Brief von Mete, die uns hübsch und anziehend ihren einsam-schönen Geburtstag beschreibt.«[18] Was seine Familie betreffe, könne er Gutes berichten, so an den Schriftsteller Hermann Wichmann. »Der älteste Sohn, nun schon 30, ist Kadettenlehrer in Lichterfelde, der zweite Kammergerichtsreferendar, der dritte soll im Herbst als Buchhändler eintreten. Am liebsten in London. Oder es könnte auch Rom sein. Die Tochter ist Erzieherin in einem adligen Hause nicht weit von der schlesischen Grenze. Allen geht es gut.« (18.6.1881)

An ihrem einsamen Geburtstag zog Martha ein Resümée der letzten Jahre. Sie dachte an ihre Affäre mit Julius Stockhausen. »Schlecht bin ich meiner Herzensüberzeugung nach nie gewesen, aber doch verwirrt …« Daß sie nicht zu sprechen wagte, sei Schuld der Mutter gewesen, die sie zu hart verurteilt habe. »Ich möchte die letzten 3 Jahre nicht zum zweitenmal durchleben, aber daß ich sie durchlebt habe, des bin ich froh.« Der große Sänger war unvergessen. Mit erstaunlicher Offenheit sprach sie, durch den Besuch eines Offiziers angeregt, über ihre Einstellung zur Sexualität. Der besagte Rittmeister sei ihr durch unverschämte Annäherungsversuche lästig geworden. Sie lobte Herrn von Mandel und sein Taktgefühl »in *puncto puncti*« und machte bei ihrer Mutter die erstaunliche Feststellung: »… ich erkenne das doppelt dankbar an, da ich so tief von dem Zauber der Sünde, den es gibt, durchdrungen bin und so gar nicht auf einem moralischen Unantastbarkeitsstandpunkt stehe; man hat nur eine einzige Garantie für tadellose Haltung, und das ist die nicht vorhandene Versuchung.« (6.2.1881)

Zu ihrem Geburtstag hatte sie etliche Glückwunschbriefe erhalten, deren Verfasser ihr fast ausnahmslos »einen Mann« wünschten, »was eigentlich wieder die Arroganz der Herren der Schöpfung beweist, die sich für unbedingt nötig zum Glück einer armen Sterblichen halten«, nur diesmal hätten sie recht. Eine wichtige Aussage für die Eltern, die nun erfuhren, daß Martha einer Heirat nicht abgeneigt war. Sie bekam ein Korallenarmband von Anna Witte und ein Kistchen von Schreiners mit einem »wundervollen Blumenfüllhorn«, welches »mein Herz am meisten erwärmt hat« – es kam vielleicht von Rudolph. Sie sandte ihrerseits an Frau Schreiner ein Paket mit Flieder, eigenen Handarbeiten und frischem Spargel. Rudolphs Mutter dankte ihr mit aufrichtiger Herzlichkeit, wobei sie nicht unerwähnt ließ, daß ihr Sohn nach abgeleistetem Militärdienst an der Berliner Universität Jura studiere, so wie Marthas Bruder Theo, der sein juristisches Staatsexamen im vorigen August bestanden hatte.

Anna Witte schilderte in ihrem Geburtstagsbrief ausgiebig das Glück von Tochter Lise, die nun eine zärtliche Braut sei. Wie war Mete dabei zumute? Sie hatte Angst, die engste Freundin, die »Vice-Schwester«, mit der sie seit Jugendtagen verbunden war, zu verlieren. Die Tante beschrieb ihren neuen Schwiegersohn Richard Mengel, mit dem man zufrieden sein konnte, und zählte weitere Verlobungen auf. »Ina Karsten mit Leutnant von Falkenhage, Elisabeth Schulze mit Olson Reiz, Elisabeth Veit mit einem Grafen Wachtmeister.« Daß sie bei Martha in einer offenen Wunde bohrte, kam ihr nicht in den Sinn. Vor kurzem habe sie übrigens in Berlin die Eltern besucht: »Deine Mutter so liebenswürdig und aufgeknöpft, wie ja Dein Mann schön war! kindlich und durchaus frisch«, erzählte sie. Mit dieser Fehlleistung traf sie unbewußt ins Schwarze. (20.6.1881) Mete hat den Ausrutscher verbessert und »Vater« statt »Mann« geschrieben. Daß der Vater ein schöner Mann war, wußte sie, wurde es doch von allen Bekannten bestätigt. Es schrieb Theodor Wolff: »Mir aber steigt seine blendende Erscheinung – diese wahrhaft männliche Kavaliersschönheit und Anmut des Umgangs à la französischer Marquis – empor wie in alter Zeit.«[19] Paul Meyer, der Bruder ihrer Freundin Marie Sternheim, schrieb: »Ich sehe ihn vor mir, den hohen Mann mit den wundervollen blauen Augen, der edlen, leicht gekrümmten Nase über dem dichten weißen Schnurrbart und den weichen, schönen Händen, mit denen er so liebevoll anfaßte, dem er wohlwollte.«[20]

Im April standen die Osterferien in Aussicht, Fräulein Fontane durfte heimfahren, wenn auch nur für ein paar Tage. »Heute in 3 Wochen komme ich gerade zur Tür herein und wenn ich an die grüne Lampe denke, ist mir, als könnte ich es nicht mehr aushalten, bis ich wieder bei euch bin; – ich werde also nicht mehr an die grüne Lampe denken.« (19.3.1881) Die »grüne Lampe«, die Fontanes Schreibtisch beschien, war ihr Symbol für Kindheit und Glück und des Vaters liebevolle Zuwendung. Mit seiner Arbeitsweise von früh an vertraut, war Mete bemüht, einen Stoff zu finden, den er gebrauchen konnte. Er hatte ihr gesagt, nicht das Erfinden, sondern das Finden des Stoffes sei die Aufgabe des Romanciers.[21] »Denket Euch, Kleindammer hat auch sein Vineta; unten im Bruch nämlich soll ein altes Jagdschloß gelegen haben; man schließt das aus den alten Schwiebusser Chroniken, die ich mir verschaffen werde«, meldete sie. »Finde ich in den Chroniken Interessantes, so schreibe ich es heraus …« (4.6.1881)

2.

In Klein Dammer mußte Martha praktisch den ganzen Tag zur Verfügung stehen, einschließlich der Lektürestunden für die Erwachsenen, denen sie einen Roman ihres Vaters vorlas. »... so trägt mein Hiersein also zur Verbreitung von Papas Ruhm und zu pekuniären Verbesserungen bei«, bemerkte sie dazu. (23.5.1881) »Momentan lese ich Herrn Hauptmann ›Kriegsgefangen‹ vor; es ist doch entzückend und wirkt wie hingeworfen. Es ist doch überhaupt ein großer Triumph für Papa, daß sein unermüdliches Feilen und Arbeiten seinen Werken ohne Ausnahme den Reiz der Akkuratesse verleiht.« Einen glücklichen Moment hatte sie erlebt, als sie beim Vorlesen auf den Satz stieß, den der Vater in seinem Kriegsbuch für sie als Elfjährige geschrieben hatte und den sie seither fest im Herzen trug: »Die berühmte Stelle mit den großen klugen Augen seines Lieblings hat auf Ella großen Eindruck gemacht; auch ich lese den kleinen Satz mit Wohlbehagen ...« (29.5.1881) Daß der »berühmte Satz« unzweideutig auch ein besitzergreifendes Potential enthielt, eine Huldigung, womit der Vater sich der Liebe seiner Tochter versicherte, hat sie vermutlich weder damals noch später empfunden.

Das familiäre Leben mit Familie von Mandel hatte durchaus seine angenehmen Seiten, wenn sie zu den entfernten Schlössern kutschierten und von den Besitzern herzlich aufgenommen wurden – andererseits fühlte sich Martha Fontane zu diesen Kreisen nicht zugehörig, und jede überhebliche Bemerkung schmerzte sie bis aufs Blut. Sie war nicht irgendwer, sondern eine »Literatur-Tochter« – doch für die Landadligen auf ihren alteingesessenen Gütern war das ganz ohne Bedeutung. Als »Gouvernante« war sie hier fehl am Platz, da sie jeden Tag das Mißverhältnis zwischen ihrem Stolz als Dichtertochter und der inferioren Stellung als Angestellte spüren mußte. Sie habe Kopfschmerzen »von unterdrücktem Ärger«, klagte sie, und was noch schlimmer war, sie habe keinen Menschen, mit dem sie sprechen könne »wie mit meinem Vater«. (18.6.1881)

3.

Nach den Sommerferien in Berlin, die Martha zum Wiedersehen mit Marie und Rudolph Schreiner nutzte, um danach zu ihrer nunmehr verlobten Freundin Lise Witte nach Rostock zu eilen, kam ihr Bruder Friedel auf Einladung der Mandels für zwei Wochen nach Klein Dammer. Sein Bericht an die Eltern gibt den Zustand wieder, unter dem seine Schwester insgeheim litt. »Unten in den Salons ist sie eigentlich die Hauptperson«, schrieb er bewundernd, aber: »Oben hat sie ein Zimmer, das ich mich schämen würde … meiner Gouvernante anzubieten.« Enthalten sei darin »ein Bett, ein ehemaliger kleiner Gartentisch (wie der kleine Spieltisch zuhause), eine recht mäßige Waschtoilette und ein Vorhang, hinter dem ihre Kleider hängen, vielleicht kann man noch ihren Reisekorb, einige Gefäße und Stiefel, die sie sich selbst zurechtmacht, mitrechnen.« Unten, in den Wohnräumen, war sie eine Art Tafelaufsatz, oben eher eine Hausangestellte. Ihr Schlafraum sehe wahrhaftig wie ein Krankenzimmer in Bethanien aus, schrieb er. (1.8.1881) Nach seiner Abreise berichtete Martha, daß die Familie am Essen spare, so daß sie eine Woche lang von erfrorenen Kartoffeln leben mußten, um das Geld für ein Gästemenü zu sparen. Unzufrieden war sie auch mit ihrem Gehalt; andere in ihrem Alter erhielten weit mehr, »denn im Vertrauen gesagt: Mandels sind entschieden geizig«.

Friedels Anwesenheit hatte Abwechslung bedeutet. Danach ging es Martha wieder schlecht, »wenigstens habe ich mich gleich heute so geärgert wie noch nie hier in Dammer«. Ihr Trost war die

Beschäftigung mit dem Werk des Vaters. Mit Herrn Walleiser, dem Bruder der Hausfrau, »schwärme ich von Papa, ein Lieblingsthema von mir«. Sie hatte *L'Adultera* gelesen »und vor Freude über die Novelle geweint«. Es sei ihr innigster Wunsch, »daß Papa nicht nur für uns, die wir ihn lieben, noch recht lange leben möchte, sondern auch um noch das viele Schöne, was in ihm liegt, herauszuschaffen; wenn ein Mann, der in sich solche Kunstwerke trägt, stirbt, ist es doch, als gingen kostbare Schätze auf immer verloren«. Sie bekam Panik- und Nervenzustände, wenn sie nur daran dachte. »Heute Nacht hatte ich wieder mal einen furchtbaren Angstanfall; ich überlegte nämlich ganz genau, daß Papa nach menschlicher Berechnung einmal vor mir sterben muß, ein Gedanke, der mich schon öfter gequält hat, aber nie so sehr.« (11./31.8.1881)

In dem Roman, der Martha zu Tränen rührte, hatte sich Fontane zum ersten Mal mit dem Thema Ehebruch befaßt und als Titel die Bildunterschrift eines Tintoretto-Gemäldes gewählt: *L'Adultéra – Die Ehebrecherin.* Eigentlich hätte er es vorgezogen, den Roman unter dem Titel *Melanie van der Straaten,* also dem Namen der Romanheldin, zu veröffentlichen, doch Verleger Schottländer zog den geheimnisvollen italienischen Titel *L'Adultera* vor. Die Handlung beruhte auf einem Skandal, der zwei Jahre zuvor halb Berlin in Aufruhr versetzt hatte: eine Dame der besten Gesellschaft, verheiratet mit einem der reichsten Männer der Stadt, hatte es gewagt, Mann und Kinder zu verlassen und mit ihrem Geliebten eine zweite Ehe einzugehen. Es war Therese Ravené, geborene Freiin von Kusserow, die auf Wunsch ihrer Eltern den zweiundzwanzig Jahre älteren Kommerzienrat Jacob Fréderic Louis Ravené geheiratet und zwei Töchter bekommen hatte. Fotos zeigen sie in großer Ballrobe mit Rosen im Haar und als liebevolle junge Mutter mit ihrem Kind auf dem Arm. Kommerzienrat Ravené konnte seiner Gattin jeden Luxus bieten, doch Gemeinsamkeiten gab es kaum, da er seine Junggesellenallüren beibehielt und sich etliche Freiheiten herausnahm, bis Therese den Entschluß faßte, der unbefriedigenden Konventionsehe zu entfliehen. Sie verliebte sich in den Offizier und Konsul Gustav Simon, dessen Musikalität so bedeutend war, daß Brahms' Freund Joseph Joachim ihn auf der Geige begleitete. Nach der Scheidung im Jahre 1878 heiratete das Paar, zog nach Königsberg und bekam neun Kinder.[22]

Fontane hatte die Affäre als Stoff für seinen Roman gewählt und die Personen nach seiner Vorstellung skizziert, obwohl er das Haus Ravené nie betreten und nur bruchstückhafte Einzelheiten erfahren hatte. Die Heldin seines Romans, der er den Namen Melanie van der Straaten gab, scheint in ihr eigenes Unglück zu rennen, als sie ihren Mann verläßt, die Töchter verliert und nach der Scheidung von der Gesellschaft geschnitten wird. Ihr Liebhaber Ebenezer Rubehn, den sie heiratet, verfügt zunächst über kein Einkommen, Melanie muß durch Französisch- und Musikunterricht Geld verdienen. Dennoch läßt Fontane das Geschehen glücklich enden. Die Zeitgenossen lobten die stimmige Darstellung der Berliner Gesellschaft, sahen die Unmoral der Geschichte jedoch kritisch. Der Autor mußte einem Rezensenten erklären, es sei nicht seine Absicht, den herrschenden »Moralzustand« zu ändern, sondern die Wirklichkeit realistisch zu schildern.[23] Martha war tief bewegt und fand vor allem die Darstellung der einzelnen Charaktere meisterhaft.

4.

Im Herbst fand in Klein Dammer ein großes Ereignis statt. Die Offiziere der in der Nähe stattfindenden Manöver wurden bei Mandels einquartiert und ihnen zu Ehren Diners und Tanzfeste gegeben. Es kamen elf Offiziere vom Leibregiment und fünf Schwedter Dragoner in schicken schwarzblauen Uniformen, die Mete geradezu »prachtvoll« fand und einzeln aufzählte: »Graf Schulenburg, von

Arnim, von Schack, von Treskow, von Oheimb.« Sie trug wieder ihr elegantes gelbseidenes Kleid, das einen Monatslohn verschlungen hatte, tanzte – und war selig! »So etwas Reizendes habe ich noch nie erlebt«, jubelte sie, man habe sie behandelt »wie eine junge Fürstin«. »Meine gelbe Toilette war wieder sehr gelungen, ich hatte Efeu und Ebereschen im Haar und vor der Brust und sah für meine Verhältnisse toll genug aus.« Das oft erwähnte gelbseidene Kleid hält später in Fontanes Roman *Schach von Wuthenow* Einzug, wobei er Frau von Carayon sagen läßt: »Ich will mich einmal wieder in gelbem Atlas sehn, der mir kleidet.«[24] Marthas Begeisterung hatte über den Tanz hinaus noch eine andere Ursache. »Und wie sprachen alle von meinem lieben Vater, und wie innig dankbar war ich wieder und wieder, daß er unserm Namen einen Klang gegeben hat, den alle Grafen und Herren für recht aristokratisch ansehen.« Einer der jungen Offiziere, mit dem sie heftig geflirtet habe, hatte es ihr vor allem angetan. »Ein besonderer Verehrer war ein entzükkender kleiner Herr von Treskow, der mich schon als Kind bei Milly Rütgers gesehen hatte; er wäre meinem Rufe vielleicht gefährlich geworden ...« (13. 9. 1881) In diesem sprühenden Bericht erlebt man Martha Fontane als eine liebes-sehnsüchtige und heiratswillige junge Frau.

5.

Der Abschied von Klein Dammer stand bevor. Frau von Mandel war betroffen, als Martha ihr die Kündigung überbrachte, doch keine Verlockungen konnten sie umstimmen, obwohl die rebellische Ella, die ihr »mit patzigen Antworten« oft den Unterricht verleidet hatte, sie in Wahrheit verehrte. Wie sich später herausstellte, war ihr gar nicht aufgefallen, wie sehr sie »Marthachen« gekränkt hatte. In ihren Erinnerungen bemerkt Ella, sie habe ihrer ehemaligen Lehrerin viel zu verdanken: »Leider blieb sie nur ein Jahr bei uns, unsere Zuneigung bestand weiter und vertiefte sich immer mehr bis zu einer innigen Freundschaft«, eine trotz allem wohl eher beschönigende Version dieser schwierigen Beziehung.

Martha sehnte sich danach, wieder bei des Vaters grüner Lampe zu sitzen. Trotz ihres labilen Zustands freute sie sich auf die Rückkehr nach Hause, »wenn ich auch den unteren Regionen in keiner Hinsicht trauen darf«. Sie werde »mit vollen Segeln« an Marie Schreiners Geburtstag in Berlin erscheinen. (8.9.1881) Die Eltern sahen darin ein gutes Zeichen. Vielleicht würde es zu einer Aussprache mit Rudolph Schreiner kommen, der kurz vor dem entscheidenden Examen stand. Freudig wurde Mete in der Potsdamer Straße erwartet. »Gottlob ist kühles Wetter, denn sie wird wohl wieder viel zu laufen und zu besorgen haben«, meinte die Mutter, und der Vater schickte aus seinem Urlaub in Thale »herzlichste Grüße euch allen, besonders auch meiner Mete«. (8.7.1881)

Von einer neuen Berufstätigkeit war im Hause Fontane vorerst nicht mehr die Rede. »Ich fühle, ich bin eigentlich nur ein Luxus«, dieser offenbar ernstgemeinte Anspruch mußte noch verarbeitet werden. Immerhin hatte sie eingeräumt: »Tritt in einem oder zwei Jahren abermals die Notwendigkeit an mich heran«, dann verfüge sie über genügend Erfahrung. (2.3.1881) In einem oder zwei Jahren? Die Mutter befürchtete, sie werde ihr weiter auf der Tasche liegen – oder konnte man mit einer Verlobung rechnen? Marthas Situation spiegelt die Konflikte der wilhelminischen Gesellschaft. Es entsprach einem allgemeinen Konsens, daß eine Frau nicht arbeiten mußte. Weibliche Berufstätigkeit war vielmehr ein gesellschaftliches Hemmnis – niemals würde ein Mann aus gehobenen Kreisen eine Mesalliance mit einer armen Lehrerin eingehen. Die meisten jungen Frauen ihrer Umgebung dachten so und handelten danach. Tochter Martha würde selbstverständlich heiraten.

Der unsichtbare Bräutigam

1.

Seit vielen Jahren, genaugenommen seit ihrem zwölften Lebensjahr, war Martha Fontane ein gerngesehener Gast im Haus des Geheimen Regierungsrats Otto Schreiner und seiner Frau, geschätzt
als Freundin der gleichaltrigen Tochter, wobei sich ergeben hatte,
daß auch Sohn Rudolph sich zunehmend für das junge Mädchen
zu interessieren begann. Marthas Bruder Theo hatte die Annähe-
rung der beiden miterlebt und ihr zum sechzehnten Geburtstag
mit zarten Anspielungen auf ihren Zukünftigen gratuliert. Sie habe schon zahlreiche Eroberungen gemacht, »ob ich Dir eine neue Er-
oberungsära bei Schreiners wünschen soll, weiß ich freilich nicht ...«
(21.3.1876) Die heimlichen Verabredungen der Schwester mit Rudolph Schreiner waren ihm nicht entgangen, kein Wunder, daß die
jeweiligen Eltern überzeugt waren, eine offizielle Erklärung werde
bald folgen. Frau Schreiner hatte gehört, daß Martha im Herbst
bei Mandels kündigen und nach Hause zurückkehren wolle in der
Absicht, ihre »Wanderjahre« fortzusetzen. Das konnte alles mögliche bedeuten, auch eine Entscheidung fürs Leben – und für ihren Sohn.

Daß Mete heiraten müsse, durchzieht als roter Faden direkt oder
indirekt Fontanes Briefe. Sie war mit ihren zweiundzwanzig Jahren
im besten Alter, und es stand fest, daß sie nur durch Heirat glücklich werden könne, alles andere wäre eine Katastrophe. Der gesellschaftliche Status einer Frau wie ihre finanzielle Situation hingen
von ihrer Ehe ab, als Verfasser von Gesellschaftsromanen hatte er es
schließlich oft genug beschrieben. Das Thema kam immer wieder
zur Sprache. Es müsse ja nicht gleich ein Graf sein, scherzte er, obwohl auch dagegen nichts einzuwenden sei, doch auch »ein klei-

ner Landprediger oder Gymnasiallehrer« sei nicht zu verachten. Solche Redensarten werden die Tochter keinesfalls erfreut haben. Bei jeder Gelegenheit zitierte der Vater das breite Berufsspektrum eines möglichen Ehemannes, denn »zwischen Goldprinzessin und Linchen in der Fliederlaube« liege vielerlei. Seine Frau Emilie pflichtete ihm bei. Später war sie allerdings schon zufrieden, daß zumindest »kein Tischler und kein Dachdecker sie uns entrissen«, wie sie Clara Stockhausen gestand.[25] Daß Marthas Möglichkeiten begrenzt waren, sprach Fontane bei seiner Freundin Mathilde von Rohr offen aus: »die Chancen eines a r m e n Mädchens, das überdies gescheit und an reiche Häuser gewöhnt« sei, waren auf dem Heiratsmarkt gleich null. Für Martha war dieses Gerede vermutlich eine dauerhafte psychische Belastung.

Im Oktober war sie heimgekehrt, im November luden die Eltern ihretwegen einen kleinen Kreis von Jugendlichen ein, die kesse, mit Martha gleichaltrige Schauspielerin Paula Conrad, die beiden Söhne George und Theo sowie Marie und Rudolph Schreiner. Das Abendessen im halbfamiliären Rahmen bot Mete und Rudolph eine gute Gelegenheit, im Beisein von Eltern und Brüdern ihre gemeinsamen Zukunftspläne zu offenbaren; alle hätten freudig die Gläser erhoben, wenn der sechsundzwanzigjährige Student sich offiziell zu seiner Martha bekannt hätte. Fast enttäuscht registrierte Fontane im Tagebuch: »Es war recht nett, ganz besonders in Rücksicht darauf, daß sich alles fremd untereinander war.«[26] Doch er hatte sicher mehr erwartet als »Nettigkeiten«. War es nicht in den letzten Ferien zu einer ernsten Aussprache zwischen Mete und Rudolph gekommen?

2.

Marthas Zukunft entschied sich bei diesem Abendessen im Hause
Fontane nicht. Sie verbrachte Weihnachten und Silvester 1882 bei
ihren Eltern in einem gesundheitlich elenden Zustand, von Atem-
not und Erstickungsanfällen geplagt. Im Januar machte sie sich zu
den geliebten Wittes nach Rostock auf, wohin der Vater ihr seine
Grüße nachschickte. Ihr schlechter Zustand sei eigentlich kein
Wunder, erklärte er. »Natürlich bist Du nervös; wie könnt es anders sein, sind es die Herren Eltern doch auch. Aber ich sehe darin
kein sonderliches Unglück, bin ich doch für meine Person 62 Jahre dabei geworden und hab ich doch, aller Nervosität unerachtet,
im Wesentlichen d a s vom Leben gehabt, was andre Leute davon
zu haben pflegen, und auch noch ein bißchen mehr.« Damit wollte
er ihre Krankheit herunterspielen, ließ auch gleich eine überzeu-
gende Erklärung folgen: ihre Überanstrengung bei den Kindern
von Mandel. »Das Frühaufstehn in Dammer, das immer auf dem
Qui vive sein müssen, die schlechte Verpflegung, Unachtsamkei-
ten und Unsinnigkeiten in Bezug auf Kleidung und Diät, unrich-
tige Lebensanschauungen, Ängstlichkeiten und Unsicherheiten
im Gemüt haben Deine gegenwärtigen Zustände herbeigeführt.«
(17.2.1882)
　　Martha fand ihre verlobte Freundin Lise Witte zu ihrer Erleichterung so reizend wie früher und wartete gespannt auf den ihr unbekannten Bräutigam. Ihr Bericht über Richard Mengel fiel dann
recht zurückhaltend aus, anscheinend war er nicht ihr Typ: »…
das Brautpaar ist sehr glücklich und zärtlich, ich hätte nicht gedacht, daß Lise so für's Küssen sein würde.« War da ein leichter
Neid herauszuhören? Der Vater hatte für ihre Leiden seine alten
Gründe parat. Wenn sie sich verlobte, würde sie das Leben »voll
überschwänglichen Glücks« genießen. Eine Heirat war und blieb
das Allheilmittel! An ihren langjährigen Freund Rudolph denkend,

ging er schon einen gewaltigen Schritt weiter: falls sie bereits ihre Mitgift und »Ausstattung« plane, so könne er sie beruhigen. Es sei alles schon mit der Mutter besprochen, »wir werden das Nötige zu beschaffen wissen, indem wir uns zu Zinszahlungen verpflichten, und zwar mit aller Freudigkeit«. (17.2.1882) An der Ausstattung sollte die Hochzeit nicht scheitern, auch wenn sie einen Kredit aufnehmen mußten. Was die Heirat der einzigen Tochter betraf, waren die Eltern sich einig.

Die einzige Tochter schenkte dem hochherzigen Angebot keinen Dank, ja nicht einmal ein Wort – schließlich hatte sie bisher keinen Antrag erhalten! Statt dessen schilderte sie die reiche Aussteuer von Lise Witte, deren Verlobter mit Hilfe der Schwiegereltern das Landgut Schwiggerow bei Güstrow gepachtet hatte, sprach von edlem Leinen und Polstern, Eichen- und Nußbaummöbeln, die für Lise angeschafft wurden. (28.2.1882) Fontane war zum Arbeiten nach »Hankels Ablage« gereist, einem Ort an der Dahme südlich von Zeuthen, wo er die ersten acht Kapitel seiner Novelle *Irrungen, Wirrungen* ausarbeitete. In den Briefen von dort bedrängte er Mete, sich endlich deutlicher in Sachen Rudolph zu äußern, da sie gewiß bald einen ernsthaften »Schritt« zu erwarten habe. Martha, die bei Wittes das Porträt des Vaters auf dem Titel der *Illustrierten Frauen-Zeitung* entdeckt und ihren Gastgebern stolz präsentiert hatte, ging mit keiner Silbe auf sein Drängen ein. Sollte sie ihm berichten, daß von Rudolph keinerlei Nachricht kam? Ein anderes Ereignis schien wichtiger: Martha hatte eine neue, wunderbare Freundin gefunden. Marie Bencard aus Rostock war als neuer Gast bei Lises Hochzeitsfeier aufgetaucht, für Martha »der erste Mensch, an den ich mich mit einem gewissen Enthusiasmus anschließe«. Ihr Bericht an den Vater wirkt überschwenglich. Bisher hatte sie ihre Bekannten meist von den Eltern übernommen; diesmal war es anders. »Das Beste und Beglückendste was mir diese Tage gebracht haben, ist und bleibt Marie Bencard; ich bin recht von Herzen dankbar, mir nach Jahren auch mal wieder einen Menschen gewonnen zu haben und nun gar ein vornehmes, entzückendes Geschöpf.« (25.5.1882)

Was ihre Freundinnen betraf, war Martha überaus kritisch. Ein einziges oberflächliches Wort, eine unbedachte Äußerung waren ihr unerträglich. Der etwas naive Brief, den ihre anhängliche Schulfreundin Marie Schreiner nach Klein Dammer geschickt hatte, wurde hochnäsig-kritisch verrissen. Die Freundschaft mit Martha Müller-Grote, Tochter eines Verlegers, ging nach deren Polterabend in die Brüche. Über eine andere Freundin, Mathilde Runde, verheiratet mit Dr. Becker, schrieb Martha ihrer Mutter: »Mathilde Becker hat sich nun auch endlich dazu emporgeschwungen, mir eine stark nach Windeln duftende Epistel zu schicken.« (25.10.1880) Sie hatte hohe Ansprüche – und wenige Freunde. Die neue Eroberung stammte aus reichem Hause. Sie wisse sehr gut, schrieb Martha den Eltern vorwurfsvoll, »daß Marie eine Erbin und ich ein ganz armes Mädchen bin«. Danach war sie wieder krank, hatte »furchtbares Gallenerbrechen« und schrieb den deprimierten Satz: »Es wird ja auch noch mal wieder heller werden, und wenn uns das Leben auch nichts Besonderes an Glück mehr aufgehoben hat, so finden wir drei doch vielleicht in höherem Maße wie sie jetzt vorhanden ist, die Kraft wieder, eine erträgliche Stellung zu unserem Lebenslauf einzunehmen ...« (29.5.1882)

Vom Vater kam indessen die Nachricht, daß Rudoph Schreiner das juristische Staatsexamen nicht bestanden hatte.

3.

Die Hochzeit von Elisabeth Witte mit Richard Mengel war vorüber, das Brautpaar und die Eltern hatten sich zu dem neugepachteten Gut Schwiggerow in Mecklenburg begeben, Martha saß allein in der Rostocker Villa und hütete die jüngeren Kinder, die man ihr zu treuen Händen übergeben hatte. Ihre Antwort auf die Nachricht von Rudolphs Mißerfolg lautete, für sie sei die Angelegenheit kein Unglück, sie habe vielmehr Mitleid mit Rudolph und seinen Eltern. »Onkel und Tante sind in Schwerin und haben Fabrik, Haus und Kinder in meiner Obhut überlassen«, fuhr sie fort, »während ich so einsam wie selten hier in dem großen Patrizierhause sitze.« Doch sie genieße die Rolle als »Haustochter«. In der Stille der »schönen, freien, menschenlosen Tage« scheint sie ihre Umgebung mit den phantasievollen Augen einer Dichterin gesehen zu haben, »das alte, reiche Haus, ich immer und immer allein, arbeitend, musizierend, lesend und dann auf halbe Stunden die Kinder«, das sei, schrieb sie, vielleicht »novellistisch zu verwerten«. (10./15. 6. 1882) Tatsächlich hat sie die elegische Stimmung im großen leeren Haus zu einer eigenen Novelle inspiriert.

Nach Rückkehr der Wittes Ende Juni fuhren alle zur Erholung ins Ostseebad Warnemünde. Hier war Martha glücklich. Sie nannte den Ort »das liebste Fleckchen Erde, das ich kenne« und schrieb von dort »an den liebsten Menschen, den ich habe« – an ihren Vater. (24. 6. 1882) War er der liebste Mensch, den sie hatte? Fontane, der sich zum Arbeiten nach Thale im Harz zurückgezogen hatte, machte sich Sorgen. Was war vorgefallen, daß von Rudolph Schreiner nichts mehr zu hören war? Da sie ihm darauf nicht antwortete, wandte er sich an Anna Witte persönlich. Die alte Freundin würde ihm Auskunft geben, auch wenn Mete über den »nebelhaft« entschwundenen Fast-Bräutigam betont schwieg.

Fontanes Brief an Anna Witte in seiner schönen, geschwungenen Handschrift stellt eine Überraschung dar. Bisher war das Schreiben nur im Konzept bekannt; während meiner Arbeit tauchte unverhofft das Original im Kunsthandel auf. Auf mehreren Seiten mit väterlichen Überlegungen legte Fontane der hochverehrten Freundin »eine allerwichtigste Frage« vor. »Natürlich handelt es sich um Martha, und beinah ebenso natürlich um den nebelhaft und unfaßbar am Horizonte ziehenden Bräutigam in spe oder auch nicht in spe: R. S. [Rudolph Schreiner]. Sie begreifen, daß uns diese Frage seit langem beschäftigt, und seit dem unglücklichen Examens-Ausgange geradezu Sorge macht.« Es bestätigt sich die Vermutung, daß er und Emilie die Beziehung zum Hause Schreiner bewußt gefördert und alles getan hatten, um Marthas Glück nicht im Wege zu stehen. Jetzt war mit einem Schlage alles in Frage gestellt.

»Überblicken wir die Gesamtlage«, fuhr Fontane in einem feldherrnmäßigen Ton fort, der die Liebesangelegenheit fast zu einer staatsmännischen Angelegenheit erhob. »Was wir nach dieser erwarten zu müssen glaubten, war das folgende: Drei oder auch acht Tage nach glücklich bestandenem Examen wird er kommen und um Martha anhalten. Mißglückt aber sein Examen, so wird er freilich nicht um sie anhalten, wird aber irgendwelche Schritte tun, um sich ›im Stillen‹ ihrer zu versichern.« Der erste Schritt sei, da Rudolph das Examen nicht bestand, unterblieben. Was aber geschah dann? Er konnte nur mutmaßen. Hatte der Kandidat eine bindende Erklärung zuwege gebracht, ein Wort also »über den berühmten Händedruck, dunklen Korridorkuß und noch dunklerem Fußspitzengruß hinaus« – oder hatte er nicht?

Er habe nichts gegen »stille Verlobungen«, auch nichts gegen langes Warten, beteuerte Fontane weiter: »Wir haben selbst 5 Jahre lang gewartet.« Doch ohne echte Aussicht sei es lächerlich, und wenn es so wäre, sei es »Pappstoffelei«. Der Begriff taucht bei Fontane immer dann auf, wenn es sichtlich um männliche Schwäche und Feigheit geht. Sicher wisse Freundin Anna, wie es um Mete bestellt sei. »Ich halte (ganz im Gegensatz zu meinem Renommée) furchtbar viel von der Ehe und bin sehr für's Heiraten. Es ist das Natürliche. Aber ich bin nicht s o dafür, daß unter allen Umständen geheiratet werden muß. Bierfässer gehören in den Keller, aber nicht in die Brautstube.« Sollte diese Bemerkung ein Hinweis auf Rudolphs bekannten Bierkonsum sein?

Dann zog der Vater neue Seiten auf, um dem Ernst der Lage mehr Gewicht zu verleihen. »Paragraph 1: es ist i h r e Sache. Liegt ihr daran, ihre Jugend aufs Dustre und Ungewisse hin zu ›verwarten‹, so mag sie's tun. Ihr Glück und ihr Unglück ist aber i h r' s. U n s liegt ob, ihr zu raten, sie aber mag sich entscheiden.« Das wirkt wie eine Drohung. Trotz seiner Vorbehalte gegen den »Pappstoffel« Rudolph befürwortete er offenbar eine Ehe mit ihm. Die Tochter mußte heiraten, andernfalls hatte sie ihr Unglück selbst zu verantworten. Die Tendenz ist deutlich. Sollte sich Herr Schreiner in aller Stille mit Martha verbunden und die Heirat beschlossen haben, wäre alles in Ordnung. Sollte hingegen Martha sich nicht entscheiden können und ihre Jugend traurig »verwarten«, sei es ihre Sache, unglücklich zu werden. (25.6.1882)

Martha antwortete ihm in dieser lebensentscheidenden Situation mit erstaunlicher Sachlichkeit. »Mein lieber Papa – Seit gestern Abend bin ich im Besitz Deiner Briefe, in denen Du rührend eingehend über mich und meine Angelegenheit schreibst.« Es werde ihm wohl genügen, »wenn ich zum ersten und wie ich Dich bitte auch letzten Male über den Fall spreche«. Ihre Antwort wirkt rätselhaft, um nicht zu sagen: verräterisch. Sie sei nicht verbittert, betonte sie, »denn die ganze Geschichte ist keine Erfahrung, die ein junges unschuldiges Mädchen macht, sondern sie bestätigt nur die allerfestesten Lebensanschauungen eines ziemlich fertigen, scharfblickenden Menschen, Deiner gehorsamen Tochter«. Martha hat nie wieder, sei es im Scherz oder Ernst, einen Brief an den Vater auf diese Weise unterschrieben, nur diese Mitteilung, in der sie ihren Verzicht auf die Ehe mitteilt, trägt die Unterschrift »Deiner gehorsamen Tochter«.

Sie begründete ihren Rückzug mit dem Hinweis, zuletzt immer stärker empfunden zu haben, daß der biedere Rudolph für sie nicht der richtige sei. Dazu verschanzte sie sich schlau hinter dem Vater: ihr sei sein »Haß« auf die »sogenannte Biedermannschaft angeboren und anerzogen«. Daß die Familie ihres Freundes bieder und gutbürgerlich war, hätte sie in den vielen Jahren, die sie mit Rudolph und Marie zusammen war, längst merken können, insofern wirkt der Vorbehalt unglaubwürdig – eher wie eine Ausrede. Sie wiederholte schlicht Fontanes Standpunkt, daß Ehen außerhalb der eigenen Sphäre unglücklich enden. Wieso sie nicht schon früher zu dieser Erkenntnis kam, beantwortete Martha selbst: »Weil ich anhänglich und dankbar an das H a u s Schreiner war, ohne jeden Nebengedanken.«

An dieser Stelle notierte Fontane mit Blaustift am Rand: »Ist nicht wahr.« Er wußte es besser.

Martha fuhr fort: »Seit 1-2 Jahren habe ich mich für gebunden gehalten.« Zugleich behauptete sie, für Rudolph nie eine »lebhafte Neigung« gehegt zu haben – ein Widerspruch, dem der nächste folgte: sie hätte ihn geheiratet, wenn er um sie angehalten hätte. »Ja, er hat es gewollt, sogar bis vor Kurzem; wo der Stein lag, an dem er sich schließlich stieß, ist mir nicht klar, aber Äußerungen von Marie machen mich glauben, daß der Abend bei uns einen ganz enormen Eindruck auf ihn gemacht hat. Er fand uns alle nett, klug, witzig, geistreich, aber wie er gesagt haben soll, er ist sich so entsetzlich unbedeutend und überflüssig vorgekommen.« Das also war der springende Punkt. Das hohe Gesprächsniveau von Familie Fontane hatte den Kandidaten in seinem Selbstwertgefühl getroffen. Martha hatte dafür sogar Verständnis. Daß er aber »charakterlos« schwieg, ohne zu wissen, ob er »einer alten bewährten Freundin seiner Schwester und seines Hauses n i c h t das Herz brach«, das, betonte sie, könne sie ihm nicht verzeihen. (11. 7. 1882) Im Augenblick spüre sie nur Erleichterung; »der lästige Zwang, den ich mir auferlegt hatte … fällt fort.« Jetzt war sie wieder frei – auch für den Vater.

Die Vermutung, Martha habe dem Freund durch geistreichen

Witz imponieren wollen, wird zufällig von anderer Seite bestätigt. Gustav Müller-Grote, der spätere Verleger, war als fünfundzwanzigjähriger Student bei Fontane zu Gast. Er wunderte sich, »daß ein so berühmter Mann in so bescheidenen Räumen wohnte – man konnte mit ausgestrecktem Arm beinahe die Zimmerdecke berühren«. Fontane habe ihn freundlich »in seinem einfachen, mit friederizianischen Stichen gezierten Arbeitszimmer am großen Schreibtisch« empfangen und sich nach Gustavs Schwester Martha erkundigt, Metes Freundin, die inzwischen verheiratet war. »Ich durfte dann noch zum Mittagessen bleiben, an dem natürlich auch Frau Emilie und die Tochter Mete teilnahmen.« Er erinnere sich, so Müller-Grote, daß er vermutlich »einen ziemlich törichten Eindruck« hinterlassen habe, da er »der Zungenfertigkeit der Fontaneschen Damen und ihren kritischen Äußerungen über ihren Bekanntenkreis in keiner Weise gewachsen war«.[27] Das erinnert an den biederen Rudolph. Im Gefühl, einer geistig so hochstehenden Frau wie Martha nichts bieten zu können, mochte auch er sich »nebelhaft« zurückgezogen haben. Es wirkt jedoch überaus befremdlich, daß der aus guter Familie stammende, höfliche Rudolph ohne ein Wort, ohne jede Erklärung die Verlobung löste und für immer verschwand. Wäre es möglich, daß die vier Jahre zurückliegende »Stockhausen-Affäre«, die ihm mit allen Konsequenzen bekannt war, ihn letztlich zu diesem Schritt bewog?

Fontane antwortete auf Metes komplizierte Erklärungen sichtlich genervt, er wolle nicht länger in diesem »verhedderten Zwirn herumfusseln«. Für ihn hatte sich die Angelegenheit erledigt. An »Hosenmatz« Rudolph ließ er kein gutes Haar. Eitelkeit, Pedanterie, Selbstüberschätzung und ein kleinlicher Lebenszuschnitt seien nichts für eine so nobel angelegte Natur wie seine Tochter. »Ich freue mich von Herzen dieses ›gescheiterten Glücks‹«, schrieb er. (13.7.1882) Vorerst schien er zufrieden, die Tochter bei sich behalten zu können.

Mete aber ging es schlecht. Mutter Emilie kam nach Warnemünde, um persönlich mit ihr zu sprechen, denn die Tochter war
wieder »ganz herunter«. »Vor ein paar Tagen hatte ich wieder eine
heftige Attacke«, lautete Metes Brief, »ich kann nicht sprechen,
ohne zu zittern und ohne daß mir das Blut zu Kopf steigt.« Sie hoffe,
es gehe vorüber, »es wäre sonst doch auch gar zu trostlos«. Die Gründe für ihren Zustand lagen auf der Hand. Martha litt an der verfah-
renen Situation, an der merklichen Verstimmung des Vaters, an
seiner deutlichen Warnung, sie sei an ihrem Unglück selber schuld.
Die Beratung mit der Mutter brachte immerhin so viel Licht in die
Angelegenheit, daß Fontane sich beruhigen konnte. »Auch das war
mir wichtig, daß Du mit Martha über den Rudolph Schreiner-
Fall eine zufriedenstellende Aussprache gehabt hast.« (30. 8. 1882)

4.

Die Probleme waren damit nicht aus der Welt. Emilie beschwerte
sich über ihre Kinder, Fontane erklärte barsch, sie könne deren Charakter nun einmal nicht ändern, »ebenso wenig kannst Du Martha
ihre verbockte Hochmutsanlage, Georgen seinen Egoismus und
Theo'n seine Verranntheit und Verschrobenheit nehmen«. (24. 8.
1882) Harte Worte – an seinem Mitgefühl und seiner Zuneigung
zu Mete änderte sich dadurch jedoch nichts. »In der Unterhaltung
sowie in ihren Briefen war sie die echte Tochter des Vaters, dessen
Liebe sie auch in besonderem Maße besaß, da er in ihr so viel aus
›Eigenem‹ wieder erblickte«, bemerkte der junge Jurist Paul Meyer,
den Fontane später zu seinem Nachlaßverwalter einsetzte.[28]

Fontanes Novelle *Schach von Wuthenow*, im August 1882 erstmals
in der *Vossischen Zeitung* im Vorabdruck erschienen, würde bald als
Buchausgabe herauskommen. Martha kritisierte nach eifriger Lek-

türe die höfische Ausdrucksweise, die sie offenbar nicht passend fand. Fontanes Antwortbrief kann als Beispiel dafür gelten, wie intensiv ihr Austausch auf literarischem Gebiet war. »Der Punkt, den Du berührst, ist sehr wichtig«, schrieb er ihr. »Wir sprechen das später mal durch. Es hängt alles mit der Frage zusammen: ›Wie soll man die Menschen sprechen lassen?‹ Ich bilde mir ein, daß nach dieser Seite hin eine meiner Forcen liegt, und daß ich auch die Besten (unter den L e b e n d e n) auf diesem Gebiet übertreffe.« Er lasse, erklärte er ausdrücklich, seine Gestalten absichtlich immer so sprechen, daß »ein Zeitbild« entstehe. Oder sollte Martha etwas anderes gemeint haben? Der Inhalt der Novelle, die zwischen den Schlössern Paretz, Charlottenburg und Bellevue ein authentisches Preußen um das Jahr 1800 beschrieb, war einigermaßen skandalös. Danach hatte sich der schöne und eitle preußische Offizier von Schach leidenschaftlich in eine anmutige Witwe verliebt – währenddessen begann er ein Verhältnis mit ihrer durch Pockennarben entstellten Tochter Victoire, die als »ein zwar häßliches, aber feines und höchst gebildetes Mädchen« geschildert wird. Victoire erwartet von ihm ein Kind. Die Mutter, unterstützt vom Königlichen Hof, verlangt die Heirat. Baron von Schach, dem preußischen Ehrenkodex folgend, gehorcht und nimmt die unansehnliche Tochter zur Frau. Doch der Spott seiner Kameraden, die ihn in Karikaturen verhöhnen, trifft ihn tief, und nach der Hochzeit, noch in der Kutsche auf dem Weg zu Schloß Wuthenow, nimmt er sich durch einen Pistolenschuß das Leben.

Seinen Kritikern entgegnete der Dichter: wenn »fragwürdige Gestalten mir beibringen wollen, was Anstand, Moral und gute Sitte ist, gegen s o l c h e Kritik bin ich freilich empfindlich, aber nicht ihres Tadels, sondern ihrer Unart und Unverschämtheit halber«. (24. 8. 1882) Immerhin, die Kritiken waren günstig, man erkannte im Selbstmord des Offiziers den gelungenen Ausdruck »für jenen leergewordenen Ehrbegriff, der das damalige Preußen beherrschte«. Fontane meldete Mathilde von Rohr: »Mit dem Beifall, den ›Schach‹ im Publikum und in der Presse gefunden hat, kann ich zufrieden sein.« (3. 1. 1883) In der *Vossischen Zeitung* stand sogar zu lesen: »Fontane gehört unstreitig zu den besten Erzählern der Gegenwart und speziell der engeren brandenburgischen Heimat.« (17. 12. 1882)

Martha hatte ihre erste selbstverfaßte Novelle dem Vater übergeben. Fontane bot sie dem Verleger Franz von Lipperheide zur Veröffentlichung an. Das war vielleicht ein Fehler, da Lipperheide trotz sichlichen Wohlwollens seinen Aufsatz über den Schriftsteller Pietsch abgelehnt hatte. Marthas Arbeit bedachte er mit einer ärgerlichen Anmerkung. »Die Novelle des Frl. Fontane ist, von anderen Mängeln abgesehen, ohne jegliche Handlung.«[29] Ob die fehlende Handlung beabsichtigt, vielleicht als Stilmittel sogar ein Vorzug war, steht dahin. Fontane selbst hat seine Romane *Vor dem Sturm* und *Stechlin* handlungsarm genannt und gewettert, wer bei ihm auf *plots* und große Geschehnisse warte, sei verloren. »Für solche Leute schreibe ich nicht.« Daß er der Meinung war, seine Tochter verfüge über eine literarische Ader, geht aus einer Bemerkung an Emilie hervor: »Marthas Brief und Karten sind wieder vorzüglich, sie hat ein ganz entschiednes schriftstellerisches Talent, beobachtet scharf, ist geistvoll und hat für alles einen natürlichen Ausdruck.« (Juni 1883)

Nicht nur Martha, auch Sohn Theo hatte sich als Dichter versucht. »Einmal jedoch habe ich meinem Vater eine kleine Novelle vorgelesen, zu der ich meine Eberswalder Eindrücke verwendet hatte.« Fontane äußerte sich zu dem Produkt des Sohnes, der eine Verurteilung erwartet hatte, unverhofft liebenswürdig, lobte Naturschilderung und Humor, sagte dann aber: »›man packt solche Dinge ganz anders an; laß die Hände davon‹! Ähnlich soll er sich meiner Schwester gegenüber, die er mit Recht für das begabteste seiner Kinder hielt, bei einem literarischen Versuch ihrerseits geäußert haben.«[30]

Von Rudolph Schreiner war nicht mehr die Rede. Er bestand sein Examen im zweiten Anlauf. Das Hand- und Adreßbuch für Berlin, Charlottenburg und Potsdam von 1889, I. Jahrgang, verzeichnet ihn als Gerichtsassessor in Berlin W., Lützowstraße 83. Da er in den Briefen seiner Schwester Marie nicht mehr vorkommt, wird vermutet, daß er früh starb.[31]

Die Dame aus Amerika

1.

Das Jahr 1883 begann nicht eben angenehm. Fontane berichtete Mathilde von Rohr, das Weihnachtsfest sei äußerst mittelmäßig ausgefallen, weil keiner aus der Familie zufrieden war. Seine Kinder, mit Ausnahme des heiteren Friedel, seien über die »kleinen Lebensverhältnisse« verstimmt; »alle drei sagen sich beständig, ›Gott, es ist doch aber auch ein Pech, daß w i r so arme Eltern haben müssen‹; sie übersehen das tausendfältig Gute, das sie haben, und kommen zu keiner echten und tiefen Anerkennung meiner Bestrebungen ... Meine Frau ist darin viel verständiger und viel liebenswürdiger geartet (überhaupt die Beste von der ganzen Gesellschaft, mich mit eingerechnet) ...« (3. 1. 1883)

Seit Mete wieder bei den Eltern in der Vierzimmerwohnung lebte, herrschte eine angespannte Stimmung. Die Mutter klagte über die »enge Häuslichkeit« und die hohen Ausgaben für Kleider und Stiefel, für Französischunterricht und Theaterbilletts. Die Tochter rebellierte gegen ihre übertriebene Sparsamkeit und war froh, wenn sie ihren vorwurfsvollen Blicken wenigstens für kurze Zeit entrinnen konnte. Eine Einladung zur Taufe von Lises erstem Töchterchen, Gertrud, ihrem Patenkind, bot die ersehnte Gelegenheit, nach Schwiggerow zu entfliehen. Immerhin war es Frauen inzwischen vergönnt, dank der Eisenbahn alleine zu reisen. Diesmal aber wurde die Sache heikel. Reisen kosteten Geld, und Geld besaß sie nicht. Schwiggerow lag schließlich nicht vor der Haustür.

Martha packte dennoch und fuhr ab. Als sie aber nach kaum drei Wochen schon wieder ihre Rückkehr ankündigte, geriet die Mutter so in Rage, daß der Vater sich gezwungen sah, seiner Mete ein für allemal eine Lektion zu erteilen. Für ständige Hin- und Herfahrten sei der elterliche Etat zu klein, schrieb er in einer langen Epistel. Ein paar Wochen hier, ein paar Wochen da, diese Belastungen seien schlicht unmöglich. Sie müsse lernen, sich ihre Reisen einzuteilen. »Mit dem berühmten: ›na, das hätte sich schließlich auch noch leisten lassen‹ kommt man nicht weit. Im Einzelnen ist es immer richtig, im Ganzen ist es immer falsch. Die Kosten, die durch solches Hin- und Herreisen verursacht werden, sind als Einzel-Ausgabe sehr wohl zu tragen, es ruiniert uns schließlich nicht, ob einmal 10 oder 15 oder selbst 20 Thaler mehr oder weniger ausgegeben werden, aber es ruiniert uns die Vielheit der Fälle. Und diese Vielheit ist in einem eminenten Grad da: ich muß nach dem Harz, um endlich wieder zu Kräften zu kommen. Mama muß sich doch endlich mal wieder statt ihrer gefärbten Loden ein neues Kleid anschaffen, Theo brauche einiges, Friedel ist eben neu eingekleidet, George kommt auf 5 Wochen und will doch leidlich verpflegt sein, Du selbst wirst auch Verschiedenes brauchen, – wo soll das alles herkommen, wenn ein alter Herr, dem es ohnehin blutsauer wird, auch noch 4 Monate lang arbeits-, will also sagen erwerbsunfähig gewesen ist … Es gibt kein anderes Mittel, als das alte ›sich nach der Decke strecken‹. Mama und ich haben diese schwere Kunst gelernt und ihr müßt sie auch lernen.«

In seinem Roman *Mathilde Möhring* schildert Fontane eine Frau, die wie Emilie ängstlich die Groschen hütet und ihre Tochter zu anhaltender Sparsamkeit ermahnt in der beständigen Furcht, über ihre Verhältnisse zu leben. »Aber wir haben's doch«, ist jeweils die ungeduldige Antwort der Tochter. Im wirklichen Leben stand der Autor mit seinen Beschwichtigungsversuchen zwischen den Fronten – und erreichte nichts. Auf der einen Seite nahm er die Tochter in Schutz, deren Wünsche man verstehen müsse, auf der anderen Seite lobte er seine Frau, die ein ausgeprägtes Pflichtbewußtsein besitze. Mete müsse ihren Gram begreifen. »Immer Sorgen und Ärgernisse lächelnd überwinden, das leistet niemand.«

(13. 5. 1883) Emilie beschwichtigte er mit dem Hinweis, zwar verursache Mete Unkosten, aber einige Ausgaben mache sie dadurch wett, »daß doch schließlich halbe Jahre lang ihre Verpflegung wegfällt«. Trauriges Elterngespräch über ein sitzengebliebenes Mädchen!

Die Vorhaltungen des Vaters zeigten Wirkung – Martha kam nicht nach Hause zurück. Die Pfennigfuchserei, das ewige »nach der Decke strecken«, das Haushaltsbuch mit den Zahlenkolonnen für Dienstmädchen, Näherin, Wäsche, Papier und Porto, der Disput um jede Extraausgabe würden nie ein Ende nehmen. Sie verlängerte den Aufenthalt bei Freundin Lise Mengel in Mecklenburg und blieb Berlin von Mai bis in den Herbst fern, wurde aber krank. Ihr Vater fand dafür eine einleuchtende Erklärung. Martha habe es nicht leicht, die Zärtlichkeiten eines glücklichen Paares zu erleben, das seinen »honeymoon« feiere. Er sprach es deutlich aus. »Daneben stehn und sich den Mund wischen, ist nicht sehr angenehm, wenn man 23 ist.« (29. 6. 1883) Auch er war der Meinung, Martha müsse eine Tätigkeit aufnehmen, nicht nur wegen der finanziellen Erleichterung, er denke dabei »ganz ausschließlich an Martha selbst«.

Die Tochter war nach Rostock gefahren. Doch trotz der Pflege, die Anna Witte ihr angedeihen ließ, wurde es mit ihrer Gesundheit nicht besser. Nach Ansicht des Vaters war ihr schlechter Zustand weniger körperlicher als seelischer Natur. Sie störe sich eben an den »kleinen Verhältnissen« zu Hause. »Sie tut mir leid«, schrieb er an Emilie, »wäre sie als reiche Dame geboren, so wäre sie tadellos, so aber fehlt ihr doch das zu Leben und Glück Unerläßliche: die gegebene Situation einfach zu begreifen.« Es ärgerte ihn, daß sie fast noch mehr als ihre Mutter über das fehlende Geld klagte. »Es haftet ja dem Geld eine zauberhafte Macht an«, sinnierte er im Brief an seine Frau. »Unsre großen Dichter, Philosophen, Feldherrn und Staatsmänner waren arme Leute. Was bleibt vom alten Zieten, von Kant und Schiller übrig, wenn man sie mit der Geldelle mißt?«

(25.6.1884) Der Tochter fehlten der Wille und die Fähigkeit, sich einer Situation anzupassen. »Was ich an Martha beklage, ist das, daß ihr diese simpelste Lebensweisheit nicht aufgegangen ist. Die Kleinheit unsres Lebenszuschnitts ist ihr unerträglich.« Sie hat sich in den Kopf gesetzt, »Dame zu sein ... aber Dame s p i e l e n ist von den äußren Verhältnissen abhängig, die man nicht immer in der Hand hat ...« Es könne sich jedoch alles noch ändern. »Pickt sie irgendwo in Mecklenburg einen reputierlichen Mann auf, der ihr jeden Tag Weingelée vorsetzen kann, so hat s i e Recht gehabt.« (22.6.1883) Sie mache sich allmählich lächerlich mit ihrer Damenhaftigkeit, ihrer vorgeblichen »Noblesse«. Eine Beschäftigung sei »an und für sich schon ein Segen«, käme noch die Pflichterfüllung hinzu, könne sie »bei ihrer reichen Begabung ein Pracht-Exemplar werden«. (25.6.1883)

Was er hier schilderte, war das Drama seiner begabten Tochter.

2.

Seine regelmäßigen Sommeraufenthalte, die ihn aus der heißen Stadt und seiner Wohnung nahe dem stinkenden Landwehrkanal ins Freie führten, nannte Fontane nicht Urlaub, sondern »Arbeitsreisen«, die er sich trotz seines kleinen Budgets erlauben dürfe, wie er seinem Verleger verschmitzt gestand. (13.7.1883) Mehrmals fuhr er nach Thale im Harz, nach Krummhübel und Schmiedeberg im Riesengebirge, nach Norderney, Kissingen und an die Ostsee. Die »Sommerfrische« wurde zur festen Gewohnheit, auch wenn er sich einschränken, kleine Zimmer mieten, sich selber versorgen mußte. In Thale blieb er im Juni 1883 vier Wochen, intensiv mit der Novelle *Graf Petöfy* beschäftigt, die von ihm überarbeitet, von seiner Frau abgeschrieben und an ihn zurückgeschickt werden mußte. Emilie fand etliches an der Novelle zu beanstanden und hielt mit ihrer Kritik nicht hinter dem Berg. Forsch behauptete sie, »Liebes-schilderungen« seien des Autors Sache nicht, und es wäre kein Feh-ler, wenn er sich einiges vom Dichter Theodor Storm abgucke. (14.6. 1883) Fontane war pikiert, um nicht zu sagen gekränkt. »Das weiß ich sehr wohl, daß ich kein Meister der Liebesgeschichte bin«, ant-wortete er, »keine Kunst kann ersetzen, was einem von Grund aus fehlt.« Das war ein arger Hieb. Mit Storm wollte er schon gar nicht verglichen werden. Überhaupt sei Emilie eine »konventionelle Na-tur«, ihre »Alltags-Elle« reiche zur Beurteilung eines Kunstwerks nicht aus! Er wisse schließlich, wie man schreiben müsse! Die Kor-rektur der fünfunddreißig *Petöfy*-Kapitel versah er mit einer hal-ben Beleidigung: es sei nachgerade ihre »Spezialität«, an seinen Sachen herumzumäkeln. (30.8.1883)

Den Stoff zu der ungewöhnlichen Ehegeschichte hatte Fontane einer Zeitungsmeldung entnommen, wonach die junge Franziska Franz, die er als Schauspielerin kannte, die Ehe mit einem doppelt so alten österreichisch-ungarischen Grafen einging, der nicht lan-ge nach der Hochzeit starb. Der kurze Artikel hatte seine Phantasie in Bewegung gesetzt. In seiner Lesart wurde aus dem ungarischen Aristokraten ein einsamer Witwer, der seinem Leben durch die Heirat mit einer schönen, zur Unterhaltung talentierten Frau noch einmal neuen Inhalt geben möchte. Der Plan wird von seiner alt-modischen Schwester mit dem Hinweis kritisiert, er vergesse nicht nur »die Vorurteile des Standes und der Gesellschaft«, sondern habe es auch versäumt, »sich zu rechter Zeit seiner Jahre bewußt zu werden«. Die umworbene Schauspielerin, eine anziehende, na-türliche und liebenswerte Frau, verfügt über ebenjene Eigenschaf-ten, wie sie der Autor an seiner Tochter hervorhob. Graf Petöfy nennt Franziska eine »Scheherazade«. Damit erinnert er an jene Schöne aus *Tausend und einer Nacht*, die durch die Gabe des Er-zählens ihr Leben rettete. Eine ›Scheherazade‹ nannte Fontane auch seine Tochter. »Mete spricht aber mit eben so viel Quickheit wie

Gewandtheit ... wie eine Scheherazade«, schrieb er an seine Frau. (18. 7./14. 9. 1887)

Einer solchen Scheherazade bedurfte er. Schon als junger Mann hatte er über den Mangel einer Inspirationsquelle geklagt. »Ich soll Dir schreiben, Dir Geschichten erzählen, so wunderbar romantisch wie aus Tausendundeiner Nacht«, hatte der Dreiundzwanzigjährige im Brief an Wilhelm Wolfsohn geseufzt. »Aber ach, mir fehlt die Poesie, die Scheherazade, die mir die ›märchenhafte Zauberwelt‹ erst wahrhaft erschließt ...« (Dresden, o. D. 1842) Erzählen und Zuhören, »Plauderei« und geistvolle Unterhaltung sind in *Graf Petöfy* die Bedingung einer glücklichen Beziehung. Schauspielerin Franziska ist – wie Mete – eine geborene »Plaudertasche«. Phantasie und Erfindungsgabe sind ihr Element, ihr »Esprit und Witz« für den Grafen unerläßlich. Es ist »der Zauber ihrer Rede«, der sie attraktiv und begehrenswert macht, so daß er sie auch gegen den Widerstand seiner Schwester heiratet.

Die Hochzeitsreise führt das Paar nach Italien an Orte, die der Autor persönlich kannte. Das gräfliche Schloß am Arpa-See bildet den Rahmen. Dabei wird der heikle, von Fontane als »kitzlig« bezeichnete Punkt ehelich-erotischer Gefühle leichthin übergangen. Nur eine wie nebenbei hingeworfene Bemerkung der schönen Franziska läßt aufhorchen. Sie verkündet, daß heiße »Passionen« und »die Siedegrade der Leidenschaft« ihr gleichgültig seien. Das Paar führt demnach eine platonische Ehe, allerdings mit der Folge, daß sich Franziska trotz aller Beteuerungen in einen altersgleichen Adligen verliebt. Dem enttäuschten Ehemann, der den Treuebruch erst von anderen erfährt, verspricht sie zukünftige Entsagung. Doch Graf Petöfy lächelt zu ihren Versprechungen, geht in sein Zimmer und erschießt sich.

3.

Als Martha im Herbst 1883 nach Berlin zurückkam, hatten die
Brüder ihre Ausbildungen beendet und standen bereits auf eigenen Füßen. George unterrichtete an der Kadettenanstalt in Berlin-
Lichterfelde, Theo arbeitete als Referendar am Berliner Kammer-
gericht, Friedel war Buchhändlerlehrling im Langenscheidt-Ver-
lag. Nur Martha übte ihren erlernten Beruf nicht aus. Ob sie ihn
mochte oder nicht, danach fragte niemand. Tätigkeiten, die ihr besser entsprochen hätten – Übersetzerin englischer Texte, Buchhänd-
lerin wie ihr Bruder Friedel, Apothekerin wie Vater und Großva-
ter –, waren ihr versperrt. Die Frau sollte dem Gatten eine Stütze,
den Kindern eine gute Mutter sein – so dachten alle, Fontane nicht
ausgenommen. In seinem Roman *Frau Jenny Treibel* schildert er in
Corinna Schmidt eine kluge junge Frau, Tochter eines Gymnasial-
professors, deren Bestimmung trotz aller Intelligenz in nichts an-
derem als einer angemessenen Heirat besteht. Immerhin läßt der
Autor sie einmal vom »geistigen Gefängnis der Frauen« sprechen –
das aufzustoßen auch er allerdings nicht gesonnen ist.

Durch Metes Rückkehr entstand in der Potsdamer Straße merk-
barer Platzmangel. Bislang konnte Friedel ein Zimmer für sich beanspruchen. Damit war es vorbei, er mußte zu Theo an den Potsdamer Platz ziehen, der sich darüber nicht eben begeistert zeigte:
Theo jun. war korrekt und penibel, Friedel ein Junker Leichtfuß.
Die Eltern führten wegen der beengten Wohnverhältnisse unerquick-
liche Dispute. Fontane warf seiner Frau vor, er könne mit ihr nie ohne
Ärger über die Kinder sprechen, da sie seine »Familien-Diploma-
tie« nicht befolge. »Nur so viel: Friedel kann bei Theo nicht länger
bleiben. Fehlt es später, wenn Mete zurück ist, an Raum, so muß
irgendeiner, Du oder ich, oder Mete oder Friedel, in einem der Vor-
derzimmer schlafen.«(24.8.1882) Die Wohnung bestand aus zwei
straßenseitigen Zimmern, die von den Eltern beansprucht wurden,

einem Zimmer zum Hof sowie neben Küche und Mädchenkammer einem Berliner Zimmer mit Alkoven, den sich Martha lange mit Friedel geteilt hatte. Kein Wunder, daß sie sich nach anderen Verhältnissen sehnte.

4.

Ende des Jahres kam unerwartet eine große Chance auf Martha zu, und zwar in Gestalt einer reichen Dame aus Amerika, die für sich und ihre vierzehnjährige Tochter eine Reisebegleitung suchte. Es war vermutlich Friedrich Witte, der mehrmals die Vereinigten Staaten bereist und die Dame mit Fontanes bekanntgemacht hatte. Da die Amerikanerin für einige Zeit in Berlin wohnte, hatte man Gelegenheit zu näherer Bekanntschaft. Mrs. Dooly war von Martha angetan und engagierte sie als sprachkundige Begleiterin für die Reise, die sie mit ihrer Tochter und einem Gefährten namens Mr. Zimmermann durch Frankreich, die Schweiz und Italien unternehmen wollte.

Eine solche Gelegenheit schlug man nicht aus! Martha fühlte sich zwar nicht ganz gesund, aber doch imstande, die in sie gesetzten Erwartungen zu erfüllen. Sie verbringe das nächste Weihnachtsfest »vielleicht in Chicago oder San Franzisco«, scherzte Fontane bereits bei Mathilde von Rohr. Doch im Ernst: »Was können wir ihr hier bieten? Die Chancen eines armen Mädchens sind hier äußerst gering und der Umstand, daß sie sehr gescheit und zugleich auch durch ein Leben in reichen Häusern verwöhnt ist, e r s c h w e r t ihr nur, einen Mann zu finden.« Nach seiner Vorstellung schien es keinen Mann zu geben, der ihr geistig gewachsen wäre. »Was soll auch ein kleiner Landprediger oder Gymnasiallehrer, wenn er sich nicht weit über den Durchschnitt erhebt, mit ihr anfangen?« (2. 1. 1884)

Die Reise schien zu allseitiger Zufriedenheit zu verlaufen. Schon

Marthas zweiter Brief, der aus Nizza eintraf, regte ihren Vater zu ausführlichen Betrachtungen an. Er überschlug sich fast, sie mit Ratschlägen über die richtige Art, das Neue und Unbekannte zu betrachten, zu versehen, und versäumte nicht, sie an seine eigenen glücklichen Erfahrungen in jener Gegend zu erinnern. Sie möge ihm nach seinen »aus zwei Aufenthalten herstammenden italienischen Erfahrungen« glauben, daß man »auf Eisenbahn, Dampfschiffen, Booten, in Landkutschen und Droschken« mehr sehe als in jedem Museum. (16.3.1884) Von Station zu Station sandte er detaillierte Hinweise. Als die kleine Karawane die Stadt Rom erreichte, erfuhr Mete, wo Michelangelos Christus aufgestellt sei, wie sie vom Hotel zur Piazza Colonna, dem Palazzo Borghese, der Post und in die kleine Konditorei gelange, in der es »Chocoladenbiscuits mit Crêmefüllung« gebe, auch an welchem Ort sich die Römer zu versammeln pflegten, nämlich auf dem Monte Citorio. Er nahm die Tochter, die kurz zuvor ihren vierundzwanzigsten Geburtstag gefeiert hatte, in seinen Briefen gleichsam an die Hand, um sie zu den Orten zu führen, die er für wichtig hielt und die er auch seine Romanfiguren Melanie in *L'Adultera* und Armgard im *Stechlin* aufsuchen läßt. Ihre Antwortbriefe versetzten ihn jedesmal in schwunghafte Begeisterung.

Martha scheint während der ganzen Reise weit weniger unter Gesundheitsproblemen gelitten zu haben als sonst. Um sie zu amüsieren, berichtete ihr der Vater halb poetisch, halb komisch »eine kleine Geschichte«. Er und Emilie waren gemeinsam im Theater gewesen, wo sie den *Mohr des Zaren* sahen, danach mußte er noch bis spät in der Nacht die Rezension verfertigen. Als man sich wie verabredet vor der Redaktion traf, um endlich gemeinsam nach Hause und ins Bett zu kommen, stellten sie erschrocken fest, daß keiner von beiden den Wohnungsschlüssel bei sich hatte. Dienstmädchen Bertha war nicht erreichbar, sie schlief. »Um's kurz zu machen, im letzten Moment entdeckten wir bei ›Geheimrats‹ noch

Licht«, also treppauf und geklingelt. Der Geheimrat erschien in der Tür. »Schönheit ist auch bei Tage nicht seine Sache«, so Fontane sarkastisch, »die Gattin stand ihm zur Seite. Beide übrigens voller Güte und er sogar voller Humor ... Mit einem Hackebeil bewaffnet, das ich in der geheimrätlichen Küche von der Wand nahm, zogen wir treppauf und bullerten zunächst. Aber Bertha schlief den Schlaf der Gerechten, und so blieb denn nichts als das Hackebeil ... und mit einem ungeheuren Ruck und Krach flog die Tür auf ... Ein vollkommener Sieg war errungen, und ein mitternächtlicher Schlummerpunsch war der allseitige, wohlverdiente Lohn.« Er endete zärtlich: »Und nun lebewohl, meine geliebte Mete, und habe ein frohes, glückliches, schönes Osterfest. Wie immer Dein alter Papa.« (8. 4. 1884)

»Heute früh kam nun Dein Brief mit der großen Nachricht: ›ich habe den Papst gesehn‹.« Die Botschaft, daß sie am Ostersonntag anwesend war, als der Kirchenfürst den Segen »Urbi et orbi« verkündete, hatte ihn geradezu elektrisiert. Sie konnte außerdem mitteilen, daß Mr. Zimmermann bei ihr »Zartheit und Rücksichtnahme« walten ließ, beides wurde als beglückende Besonderheit registriert. Von einem Aufwand, wie ihn die reiche Amerikanerin treibe, bei der man statt »Schlafstube« das teure »Hotel Quirinal« bewohne, könne er nur träumen, seufzte Fontane. Er war ganz in seinem Element. Ausgiebig zählte er auf, was er seinerzeit in Rom bewundert habe, und erklärte mit väterlichem Eifer, was sie ihrerseits keinesfalls versäumen dürfe. »Wenn ich mir für Rom Ratschläge erlauben darf ...« – sie müsse Frascati und Tivoli, Albano und Genzano, die Villa Doria Pamphili in Trastevere und die Farnesina unbedingt besuchen, selbstverständlich auch die Galerie im Palazzo Borghese sowie die vatikanische Galerie – seine Anweisungen klangen, als gehe sie ohne ihn mit Scheuklappen umher und suche einen kundigen Cicerone – der er vermutlich gerne gewesen wäre! In Neapel sei die Verführung weniger groß, »aufgespeicherter Kunst willen die Natur zu opfern. Die Natur ist da alles«. (18. 4. 1884) Seine Begeisterung weckte eigene Wünsche: wie gern würde er noch einmal Venedig sehen; vielleicht im nächsten Jahr noch einmal mit Emilie vier bis fünf Monate in Rom leben! Marthas Berichte erwartete er jedesmal mit Spannung. Emilie hingegen scheint ganz andere Geheimnisse aus den Briefen herausgelesen zu haben. Da war von Mr. Zimmermann die Rede, über den sich die Tochter zwar nur wie nebenbei, aber doch mit einiger Sympathie äußerte. Wenn sie richtig sah, hatte sich Martha in Mr. Zimmermann »verkuckt«.

Venedig war Marthas letzte Station in Italien. »An Arbeiten ist nicht zu denken; es interessiert mich nichts«, schrieb Fontane seiner Frau. »Nur mit Martha beschäftige ich mich.« Seine Gedanken drehten sich um ihre Heimkehr, die Freude auf das Wiedersehen, ihren mündlichen Bericht. Zugleich aber dachte er sorgenvoll an die unausbleiblichen Spannungen, die zwischen ihr und der Mutter entstehen würden, sobald sie wieder bei ihnen wohnte. »Je mehr ich mir's überlege, ich kann ihr nicht eigentlich Unrecht geben, und ich bitte Dich, es auch so ansehen zu wollen«, mahnte er Emilie. »Wir sprechen immer von ›elterlichem Haus‹, aber sie hat nicht d a s davon, was sie befriedigt. Sie kriegt ein Kleid und einen Unterrock und dazwischen Ärger und Langeweile.« »Ich glaube, Du nimmst sie nicht immer richtig.« Daß Martha »reisemüde« sei, halte er für ein gutes Zeichen; es heile sie vielleicht von dem Wahn, »daß Geld, Gasthöfe, Galerien und galonierte Diener irgend einen Menschen glücklich machen können. Kümmerliche Verhältnisse sind schrecklich, kleine Verhältnisse sind ein Segen. Kleine Verhältnisse nenn' ich Professor, Pastor, Landrichter. Sie würde in Amerika nicht mal glücklich sein, wenn ihr auch die kühnsten Träume in Erfüllung gingen … aber wer garantiert ihr den ›Californier‹? Ich nicht.« (19. 4. 1884)

5.

Noch während er im schlesischen Krummhübel die Novelle *Cécile*
konzipierte, erfuhr Fontane, daß Martha inzwischen aus Italien
zurück und wieder in der Potsdamer Straße sei. Kaum eingetroffen, hatte sich die Mutter schon über sie geärgert. Fontane kannte
das wechselhafte Gemüt seiner Frau, ihre Launen und Empfind-
lichkeiten; er hatte die Verstimmung vorausgesehen und schrieb
eilig begütigende Worte zu Metes Rechtfertigung. Emilie hatte
bekundet, daß sie mit Friedel gut auskomme, »am wenigsten gut
mit Martha, die mich immer noch erziehen will«. (26.6.1883) »Das
Elternhaus bietet ihr eben nichts«, entgegnete Fontane, Vorwürfe
seien fehl am Platze, »sie leidet unter unserm Hauszuschnitt ...«
Emilie möge »so nett und liebenswürdig« wie möglich sein; »es
läßt sich ja viel gegen sie sagen, aber schließlich ist sie doch eine
reich beanlagte, interessante Person, die mich mit innigster Teilnahme erfüllt«. Könnte er ihr nur aus der häuslichen Eintönigkeit
und Beschränktheit helfen! Wie er Mete kannte, wollte sie am
liebsten wieder auf und davon. »Denn all dieser Drang ins Weite
würde nicht da sein, wenn ein ordentlicher, anständiger Doktor,
Kreisrichter oder selbst Landprediger sich regelrecht in sie verliebt
hätte ...« (21.7.1884)

Was ihn von den häuslichen Problemen ablenkte, war die Tatsa-
che, daß zwei Publikationen erschienen waren, seine Arbeit über
*Christian Friedrich Scherenberg und das literarische Berlin von 1840
bis 1860* bei Wilhelm Hertz und *Graf Petöfy* bei Steffens in Dresden. Er arbeitete auch im Urlaub unverdrossen. Keine Krankheit
war so heftig, keine Enttäuschung so groß, als daß er sich vom Schreiben hätte abhalten lassen, auch sechsmaliges Umschreiben und Verbessern konnten ihn nicht entmutigen. Jede neue Arbeit verlieh
ihm Schwung und Aufschwung. Überdies hatte er ein wohltuen-

des Lob erhalten. In der *Täglichen Rundschau* war unter »Literarische Porträts« ein Artikel erschienen, in dem es hieß: »Dem Humor ist in Fontane's Schriften überhaupt ein breiter Raum gewährt. An Kenntniß Berlins und der Mark bis in die kleinsten Einzelheiten kommt so leicht ihm Keiner gleich. Was Chodowiecki seiner Zeit mit dem Stifte war – Fontane ist es uns und kommenden Geschlechtern mit der Feder.«

Mrs. Dooly hielt sich vor der Rückreise nach Amerika noch eine Zeitlang in Berlin auf, wohnte in einem eleganten Hotel und lud Martha und ihre Eltern gelegentlich ein. Vom höflichen Mr. Zimmermann war nicht mehr die Rede, statt dessen von einem weiteren Reiseabenteuer: vor der Heimkehr wollte sich die Amerikanerin den Harz zeigen lassen. Anscheinend war sie von Marthas Englischkenntnissen so angetan, daß sie sogar den überraschenden Vorschlag machte, das deutsche Fräulein mit nach San Francisco zu nehmen. Man konnte ein solches Angebot durchaus als Auszeichnung werten.

Für Martha war es eine einzigartige Chance, die gut überlegt sein wollte! Der Vater schien in dieser Sache seltsam unschlüssig und riet weder zu noch ab. Er hatte Mete immer gerne um sich, sie war seine Vertraute, manchmal auch seine Komplizin, und er wußte, wie sehr sie an ihm hing. Andererseits wollte er ihr nicht die Gelegenheit nehmen, drüben in Amerika ihr Glück zu machen. »Gott mit ihr, diesseits und jenseits des großen Wassers ...«, schrieb er an Emilie und riet Martha schließlich zur Reise, allerdings unter der Bedingung, daß die reiche Amerikanerin, wenn sie in Zukunft Martha in ihrer Villa als Gesellschafterin beschäftigen und zur Erzieherin der Tochter ernennen wolle, ihr ein anständiges Gehalt zusage und jederzeit die Rückfahrt finanziere.[32] »Man kann seine Kinder nicht lebenslang an der Schürze haben«, ermahnte er seine zögernde Frau, »was flügge ist, will fliegen ... Grüße George, Friedel, und gib meiner Mete den herzlichsten der Küsse. Weiter habe ich nichts für sie; – wenig aber mit Liebe.« (6.8.1884)

Emilie wurde krank. »Heiterkeit ist der Herold der Gesundheit.« Mit diesem Fanal mühte sich Fontane von Krummhübel aus um bessere Stimmung. Martha hatte ihm zum zweiten Mal ihre Lage geschildert, hatte ihm dargelegt, wie sie ihre Situation empfand. »Ich bin nicht unzufrieden«, hieß es, »aber ich würde mir gerne meiner geistigen und herzlichen Fähigkeiten lebhafter bewußt – ich habe das Gefühl eines Menschen, der Klavier spielen kann, aber kein Klavier hat.« (26.7.1884) Deutlicher konnte sie das Desaster einer begabten Frau, die ihre Talente nicht nutzen darf, kaum ausdrücken. Klavierspielerin ohne Klavier ... Fontane hatte die Misere längst erkannt. »Das trifft glaube ich zu«, war seine vorsichtige Erklärung bei Emilie. »Wenn der Weg, den sie dazu einschlägt, ihr Weg ist und nicht unsrer, so kann man ihr daraus keinen Vorwurf machen.« Man habe kein Recht, dem Wunsch eines Menschen, »auch wenn es das eigene Kind ist«, entgegenzutreten. »Ich bitte Dich, ihr ihre Freiheit zu gönnen und daran zu denken, daß es ihre Sache ist und daß sie die Konsequenzen trägt.« (26.7.1884) In ihrem Aufbruch nach Amerika sah er kein gravierendes Problem mehr. Er hatte selber, als er noch mittellos und ohne Anstellung war, eine Auswanderung erwogen.[33] In seinem Roman *Stine* ist es Graf Waldemar von Haldern, der in auswegloser Lage und ohne die Hoffnung, seine Ernestine jemals heiraten zu können, der Geliebten die Flucht nach Amerika vorschlägt.

In Berlin nahm man währenddessen Abschied. Martha reiste mit der Gesellschaft von Mrs. Dooly zur letzten Station in den Harz. Nach der Besichtigung einiger schöner Städte, vor allem von Wernigerode, würde man dann per Dampfschiff die Überfahrt nach San Francisco antreten. »Bis New York ist nicht schlimmer als 3 mal London«, tröstete Fontane seine Frau, nicht wissend, ob das tatsächlich ein Trost war.

6.

Dann die Wende. Martha, noch in Harzburg, meldete überraschend, es gehe ihr schlecht. Humorvoll riet der Vater zu Kalbsbraten mit Kartoffelsalat, doch sein Scherz kam zu spät – sie hatte die Reisegruppe schon verlassen. Hatte sie Angst vor der großen Entscheidung: der Entfernung vom Elternhaus, vom Vater? Vermutet wird eine Auseinandersetzung mit Mrs. Doolys ungezogener Tochter. Nach den Erlebnissen mit Ella wäre es das zweite Mal, daß Martha einer renitenten Halbwüchsigen wegen die Flucht antrat. Ursache der Szene war, wie Fontane seinem Schriftstellerfreund Heyse berichtete, eine Bagatelle. Martha habe bei der Vierzehnjährigen moniert, daß sie an den Nägeln knabbere, daraufhin eine freche Antwort erhalten – und auf der Stelle gekündigt.[34] Mit der Amerikareise war es aus und vorbei. »Wir alle waren dessen von Herzen froh; auch Martha selbst.«[35] Fontanes Notiz macht stutzig. Auch Martha selbst? Waren die abgeknabberten Nägel nur ein Vorwand, um Amerika zu entgehen?

Als Fontane im September 1884 nach Rügen reiste und sein Zimmer in jenem Hotel Fahrenberg bezog, in dem er auch seine Romanfiguren Effi Briest und Baron von Instetten logieren ließ, erfuhr er, daß Martha in der Höheren Töchterschule von Fräulein Leyde in Berlin eine Anstellung als Lehrerin erhalten hatte und den Unterricht der dritten Klasse übernehmen werde. Es freue ihn, ließ er sie wissen, daß sie so energisch und erfolgreich gehandelt habe, »und Mama, die Dich sehr liebt (trotz Deiner gelegentlichen Zweifel daran) wird glücklich und beinahe gerührt darüber sein«. So war es in der Tat. Nichts konnte Emilie mehr beruhigen, als die schwierige Tochter in Brot und Amt zu wissen.

Fontane war im Grunde seines Herzens kein Freund weiblicher Berufstätigkeit, und eine Emanzipation der Frauen lehnte er, trotz seiner gesellschaftskritischen Texte, beharrlich ab. Das zu seiner

Zeit von vielen mutigen Vorkämpferinnen geforderte Frauenwahlrecht hielt er für gänzlich überflüssig; darin war er sich mit Emilie einig. Seine Idealvorstellung zeigt sich in den *Wanderungen,* wenn er im Band *Fünf Schlösser* die weibliche Atmosphäre lobt: »Hier sitzen die Damen am Schreib- und Maltisch, hier wird gelesen und musiziert, geplaudert und Billard gespielt, oft alles zu gleicher Zeit und eben dadurch allem jener warme Ton gegeben, ohne den es eine wahre Wohnlichkeit nicht gibt.«

Noch ehe Martha mit ihrer neuen Tätigkeit begonnen hatte, erklärte er schon, »daß ein angenehmer deutscher Jüngling, ein Amtsrichter, ein Doktor, ein Oberlehrer, selbst ein Pastor«, durchaus auch ein »Rittergutsbesitzer, Bankier oder Schiffsreeder« ihm entschieden lieber wären. (13. 9. 1884) Mit welchen Gefühlen las eine junge Frau, die sich von den Eltern lösen und endlich selbständig werden wollte, solche Ermahnungen? Was der Vater ihr vorschlug, hat er in seinem Roman *Frau Jenny Treibel* ausgemalt. Bei der gebildeten Professorentochter Corinna Schmidt wären die Aufgaben einer Lehrerin in guten Händen gewesen – doch nach dem Willen des Autors endet sie als Ehefrau eines wenig bedeutenden Mannes.

Der Unterricht, den die Vierundzwanzigjährige in Fräulein Leydes Privatschule an sechs Vormittagen erteilte, war allem Anschein nach erfolgreich. Die Nachmittage und Abende im Herbst und Winter 1884 verbrachte Martha bei den Eltern oder bei Freunden, die kleine Feste und Bälle für die Jugend veranstalteten; zum Karneval erschien Martha in der Verkleidung einer Holländerin. Sehr zufrieden meldete die Mutter Clara Stockhausen: »Alle machen sie uns Freude, und je mehr der Älteste und die Tochter uns zeitweise bekümmert und geradezu beängstigt haben, umso mehr sind wir jetzt zufrieden mit ihnen, da sie sich endlich mit ihrem Charakter herumgekämpft haben. Das geistige Zusammenleben mit ihnen ist wohl für meinen Mann der schönste Lohn für das, was er für sie getan, und die Anerkennung, die er in seiner Familie findet, ein Trost für sein fast freudloses Alleinstehen in der Außenwelt. Wir sind diesen Winter, Metas wegen, wieder etwas geselliger gewesen ...«[36] (2. 3. 1885)

Die junge Lehrerin arbeitete seit knapp einem halben Jahr in Fräulein Leydes Schule, als es jäh zu einem Ende ihrer Tätigkeit kam. »Sie hat eine Milz-Anschwellung und befindet sich, was die Hauptsache ist, in einem jammervollen Nervenzustand«, schrieb Fontane am 24. April 1885 an Mathilde von Rohr. Alle hofften, es werde sich bald wieder geben, schließlich wurde sie gebraucht.

Es bleibt eine ungelöste Frage, warum Martha sich weigerte, den Beruf nach einer angemessenen Pause wieder aufzunehmen. War es das dritte Mal, daß sie einer aufsässigen Schülerin wegen aufgab? War sie der aufreibenden Tätigkeit kräftemäßig nicht gewachsen? Oder war es der mangelhafte Lehrstoff, der sie abschreckte? Bislang fehlte in Preußen die staatliche Einrichtung Höherer Lehranstalten für Mädchen. Lateinschulen, Akademien und Hochschulen waren ihnen ohnehin verschlossen, und die Privatschulen hatten hauptsächlich das Ziel, Bürgertöchter auf die Bereiche »Häuslichkeit« und »Mütterlichkeit« vorzubereiten. Nur zwei Bereiche standen Mädchen offen: der erzieherische oder der pflegerische Beruf.[37] Martha hatte schon in Klein Dammer mit bitterer Ironie festgestellt: »die Kinder arbeiten nicht, aber was tut's, da es Mädchen sind ...« (6. 5. 1881)

Wie sollte es weitergehen? Wünschte Martha tatsächlich, in der Potsdamer Straße mit den Eltern »ein Leben zu Dritt« zu führen? Die Mutter war entsetzt. »Auch mein Mann macht sich Sorge, und in unsrer kleinen Häuslichkeit ist für sein Befinden, das schon so viel zu wünschen übrigläßt, die Umgebung einer Krankenatmosphäre auch nicht heilsam«, schrieb sie sorgenvoll an Freundin Clara.[38] Die Katastrophe, vor der sie sich gefürchtet hatte, war da: ihre arbeitslose, leidende und ledige Tochter mußte wochenlang gepflegt werden.

Erst Ende April 1885 war Martha soweit wieder hergestellt, daß sie zur Erholung mit dem Vater in »Hankels Ablage« Ferien machen konnte, an jenem Ort, an dem er im Vorjahr seinen Roman *Irrungen, Wirrungen* begonnen hatte. In der angenehmen Atmosphäre der Villa Käppel, in der auch seine Romanfiguren Lene Nimptsch und Botho von Rienäcker heimlich einen verbotenen Unterschlupf finden, schien es Mete besserzugehen; richtig gesund wurde sie auch hier nicht, zumal sie beide im Haus nur ein einziges Zimmer bekamen, das durch einen Bettschirm geteilt werden mußte.[39] »In der Nacht hatte Martha Gallen-Erbrechen, was sie angegriffen hat«, meldete Fontane seiner Frau. »Leber, Galle, Milz, alles hängt zusammen.« (8.5.1885) Die Detektivgeschichte *Unterm Birnbaum*, an der er lange gefeilt hatte, war schließlich fertig redigiert, jetzt wollte er an weiteren *Wanderungen* und einem großen Roman arbeiten, doch Marthas Zustand raubte ihm seine kostbare Arbeitskraft.

Ein Projekt konnte er immerhin fertigstellen, die Kriminalerzählung *Quitt* mit ihrer minutiös ausgearbeiteten Handlung. Der Text wurde noch durch einen zufällig anwesenden Schulmeister bereichert, der dem wißbegierigen Autor in breiter Ausführlichkeit die Umstände der Ermordung des Revierförsters schilderte. In Gestalt des Försters Opitz würde der Tote in *Quitt* wieder auftauchen. »Ich verschwieg ihm aber«, meldete der Autor verschmitzt, »daß ich vorhätte, darüber zu schreiben.«

Das Drama der begabten Tochter

1.

Noch immer nicht gesund, reiste Martha nach Mecklenburg. Es lockte eine neue Einladung von Freundin Lise Mengel auf ihrem Gut in Schwiggerow, das von Ehemann Richard vorzüglich geleitet wurde. Mit zwanzig hatte Martha geäußert, sie beneide junge Frauen um ihre Kinder, aber nicht um ihre Männer[40] – das galt auch für Richard Mengel, der ihr nicht sonderlich gefiel. »Hoffentlich bewährt Mecklenburg seine alte Heil- und Wunderkraft«, meinte der Vater, der an neuen Gedichten feilte, »deren ich gleichzeitig zehn, zwölf auf dem Ambos oder unter der Feile habe«. Für kurze Zeit gewann Martha ihre Lebenslust zurück. Als sie aber gemeinsam mit den Eltern in Krummhübel Urlaub machen sollte, ging es plötzlich wieder bergab. Der Vater riet mit gleichbleibender Heiterkeit zu Bädern, Brunnen und Geduld und behandelte in seinen Briefen eben das, was sie interessieren würde, wie seine Novelle *Quitt*. Es war immer ein Gewinn, mit der Tochter literarische Fragen erörtern zu können. Bei *Quitt* hatte es zwischen ihnen Meinungsverschiedenheiten gegeben, die den gewaltsamen Tod des Oberförsters betrafen. »Auf dem Denkmal steht ›ermordet durch einen Wilddieb‹. Ich finde dies zu stark. Förster und Wilddieb leben in einem Kampf … von ›Mord‹ kann in einem ebenbürtigen Kampf keine Rede sein.« Mete möge sich dazu äußern. (17.6.1885) Als sie aber trotz seiner belebenden Pläne nicht aufhörte, in detaillierten Bulletins ihre Krankheitssymptome aufzuzählen, riß ihm der Geduldsfaden. Sie litt unter diesem und jenem, schien überdies nicht zu wissen, ob sie kommen oder bleiben wollte, und nach einer weiteren Hiobsbotschaft reagierte er so gereizt wie lange nicht. »Meine liebe Mete«, antwortete er am 13. August 1885 aus Krummhübel, wo sich inzwischen Frau Emilie und Sohn George eingefunden hatten. »Im Wesentlichen handelt es sich doch um die Frage: Berlin oder nicht Berlin, elterliches Haus oder nicht elterliches Haus.« Wenn sie wieder gesund sei, würde man sie mit Freuden aufnehmen, »sollte aber, was Gott verhüten wolle, Milz- und Leberkrankheit« nicht enden, dann müssten Formen gefunden werden, die ihr und der Familie »das harte Los andauernder Krankheit« erträglich machten. Er wisse aus Erfahrung, daß zeitweilige Trennung in diesem Fall das beste sei. »Nur sich nicht immer auf dem Halse liegen«, diese Devise könnte die nebenan sitzende Emilie ihm in die Feder diktiert haben. Eine kranke Martha würde seine Arbeitskraft empfindlich stören, schließlich hänge die Existenz der ganzen Familie davon ab. »Der Kranke hat sein Recht, aber der Gesunde noch mehr, denn er hat zu arbeiten und Aufgaben zu erfüllen.« Seine eigene Härte tat ihm leid. »Ein Rest von Herzensweh wird wohl bleiben, aber dieser Rest ist nicht fortzuschaffen … Wie immer Dein alter Papa.«

Es war die bedrückendste Antwort, die Martha je von ihrem Vater erhalten hatte. Es war lieblos, ihr Leiden als »Trübsinnswolke« zu bezeichnen. Man wollte sie als Kranke nicht im Hause haben! Wie verbittert sie über die harsche Zurückweisung war, läßt sich daran ermessen, daß sie gar nicht erst nach Berlin zurückkam. »Martha bleibt in Rostock, fühlt sich wohl«, notierte Fontane in sein Tagebuch.[41] Daß sie insgesamt acht Monate fortblieb, gibt zu denken. Im Oktober kam sie nur für ein paar Tage nach Hause, um das von ihrem Vater poetisch verklärte 200jährige Bestehen der französischen Kolonie zu feiern, das sie persönlich anging, denn beide Eltern waren hugenottischer Abstammung. Weihnachten und bis ins neue Jahr hinein verbrachte sie wieder bei Familie Witte.

Erstmals war das Haus der Freunde nicht nur ein Aufenthalt zu Ferien und Vergnügen – es war zur Zufluchtsstätte geworden. Von

Frau Anna wurde sie geschätzt und von den Kindern geliebt – was hätte sie ohne diese Freunde gemacht! Unter der liebevollen Pflege von »Tante Witte« verbesserte sich ihr Gesundheitszustand. Sie genoß es, ein verwöhnter Gast zu sein. Wittes schätzten ihr Vorlese- und Plaudertalent, und der großzügige Zuschnitt des Anwesens erlaubte ihr jede Freiheit. Die politischen Debatten mit dem Reichstagsabgeordneten Friedrich Witte waren für beide Seiten aufschlußreich; hier hatte ihr Dasein Sinn und Berechtigung. Selbstverständlich brauchte sie in der Rostocker Villa weder für Ordnung zu sorgen noch zu kochen, Personal war reichlich vorhanden, sie wurde bedient und wie ein Mitglied der Familie behandelt – in der Potsdamer Straße wäre sie dagegen nur weiter krank und deprimiert gewesen. Dort hatte sie allzuoft das peinliche Gefühl, im Haus nicht nützlich und außer Haus bedauert zu sein; sie spürte förmlich das Getuschel der Nachbarn: das arme Fräulein Fontane, schon fünfundzwanzig und immer noch nicht unter der Haube, immer noch Anhängsel ihrer armen Eltern ... So war es kaum erstaunlich, daß sie zehnmal lieber in die offenen Arme der liberalen Wittes floh.

Aus dem Elternhaus kam die Nachricht, daß nun auch der jüngste Sohn Friedel seine Buchhändlerlehre beendet habe und sich mit großen Projekten befasse, um so bald wie möglich auf eigenen Füßen zu stehen. Am aufregendsten aber war die Neuigkeit, daß der zum Hauptmann beförderte Bruder George, vierunddreißig Jahre alt, sich mit einer zwanzigjährigen Schönheit verlobt habe, die er ausgerechnet während der Hugenottenfeier kennengelernt hatte. Sie hieß Martha Robert und war die Tochter des Königlichen Justizrats Carl Robert aus reichem Hause; eine Villa in Berlin-Lichterfelde stand schon jetzt dem jungen Paar zur Verfügung. Martha schickte Glückwünsche und fragte höflich an, ob sie nicht wenigstens zu Vaters Geburtstag am 30. Dezember nach Berlin kommen dürfe. »Nein!« lautete die Antwort, »es ist doch besser,

Du kommst nicht«, man sei von den Ereignissen und den Vorbereitungen der Hochzeit bereits zu erschöpft – eine Ablehnung, die zum zweiten Mal verletzend wirken mußte. Martha blieb in Rostock.

Unerwartet verkündete dann auch der neunundzwanzigjährige Theo, seit einem Jahr als Assessor bei der Heeresintendantur des VI. Armeecorps in Münster tätig, daß er zu heiraten gedenke. Seine Erwählte, die Tochter von Oberpostdirektor Soldmann, hieß ebenfalls Martha, was Fontane zu einigen Späßen mit Martha eins, zwei und drei animierte. Zuvor hatte er in einem Anflug von Tollkühnheit Theos Jugendgespielin Anna Zöllner, die ihm oben auf der Treppe »im Schmuck ihres tizian-blond-goldenen Haares entgegenkam«, urplötzlich gefragt, ob sie ihn heiraten wolle. Anna hatte verlegen den Kopf geschüttelt und ein Nein gestottert – »es war keine angenehme Situation«, erklärte er selbst. Nun stellte er im Frühjahr 1886 seinen Eltern Fräulein Soldmann vor.

Beide Brüder dachten in ihrem Glück auch an die Schwester. George schrieb an Theo: »... etwas wehmütig wird mir nur, wenn ich unsre gute Mete dabei ansehe, und an die geringen Aussichten denke, die sie hat, dermaleinst ebenso glücklich zu werden wie ihre Brüder. Doch das sind traurige Betrachtungen ...« (16.3.1886) Sie fürchteten nicht nur, die ledige Schwester später bei sich aufnehmen zu müssen, wie es die Mutter bereits angedeutet hatte, sie tat ihnen auch von Herzen leid. Doch Martha war erst Mitte zwanzig. Warum argwöhnten die Brüder, sie könne unglücklich werden?

2.

Mit siebzehn hatte Martha auf die Frage nach ihrer Vorstellung von Glück geantwortet: »Frau und Mutter zu sein.«[42] Anna Witte hatte es sogar schon in die Reime gebracht: »Meine liebe Marthe, warte, warte, warte, Du kriegst noch einen Mann.« Alle Freundinnen hatten sich inzwischen verehelicht, nur sie war noch ledig. Eine Schönheit nach dem Geschmack der Zeit war sie offenbar nicht. Ihr Vater, obwohl für Frauenschönheit keineswegs unempfänglich, hat sich dazu nicht geäußert. Es existiert aber ein Brief an die befreundeten Zöllners, den er in Italien verfaßte und mit dem zweideutigen Motto versah: »Das Leben stellt vielfach andere Forderungen als die Kunst.« Was mit dieser leicht ironischen Sentenz gemeint war, erläuterte er anschließend ausführlich. Beim Abschied von Venedig, heißt es in dem Schreiben, habe er »ein wunderschönes Frauenzimmer« erblickt, »als unsere Gondel an den Wasserstiegen des schmalen Kanals vorüberfuhr. Sie war so schön, wie ich selten Weiber gesehen habe, und das halbgekräuselte schwarze Haar lag wie eine Mähne um sie her, mit den Spitzen nach vorn über die halb entblößte Brust fallend: ich werde den Anblick nie vergessen.« (10.10.1874) Begeisterung entfaltete er für Marthas Patentochter Gertrud Mengel. Das junge Mädchen entsprach dem Schönheitssinn seiner Zeit: sanfte Züge, weiche Wangen, eine Stupsnase, ein rundes Gesicht und volle Locken, alles in allem der liebliche Anblick eines »süßen Mädels«. Man müsse sie ausstellen, so entzückend sehe sie aus, meinte Fontane. Auch die zwanzigjährige Annemarie Witte fand seinen Beifall, wie er Mete bekannte: »… sie sieht allerdings sehr gut aus, ist magrer geworden, hat eine Figur und guten Teint und wirkt a u c h wie ein Bild, nicht wie von Velazquez, aber von Verhaes.« (16.1.1891) Zwei Jahre später war Annemarie Witte verheiratet.

Martha scheint ansehnlich, aber eher ablehnend als anziehend gewesen zu sein. Sie hatte ein etwas herbes Gesicht, leicht vorstehende Augen und einen schmalen Mund. Unvorteilhaft war vor allem die Mode, die den Eindruck viktorianischer Prüderie noch verstärkte. Im Gegensatz zur Zeit der Romantik, die mit durchsichtigen Gewändern und entblößten Schultern so offenherzig umging, daß die Kleider bei Hofe Empörung hervorriefen, gingen die Damen jetzt von den Füßen bis zum Kinn hochgeschlossen, wobei ausragende Keulenärmel, Kaskaden von Rüschen den in ein Korsett gezwängten Körper bis zur Unkenntlichkeit verhüllten und entstellten – Marthas Korsett taucht gelegentlich im Ausgabenbuch auf. Fontane spottete in Kissingen über die Gattinnen auf der Promenade. »Unter den zweitausend Damen, die ich nun hier in drei Wochen gesehn habe, waren zehn oder zwanzig (hoch gerechnet) famos gekleidet, so daß sich von Kunst und höherem Geschmack reden läßt, hundert andre präsentieren sich gut, die übrigen eintausendfünfhundert und mehr sind entweder zum Weinen oder reichen doch noch lange nicht an die M. [Marie Sternheim] heran ... Die Meisten wirken einfach wie Karikaturen.« Früher sei man besser gekleidet gewesen. »Es kann auch kaum anders sein; die jetzt herrschende Mode verlangt wirklich ein Stück Kunst«, wie man sie von den »Schneiderfräuleins« nicht erwarten könne. (25. 6. 1891)

In Fontanes Romanen ist das Aussehen der Frauen keine Nebensache. Es gibt die entzückende Effi Briest, die schöne Cécile und die anmutige Armgard im *Stechlin,* doch finden sich durchaus auch häßliche Heldinnen. Mathilde Möhring im gleichnamigen Roman wird als unauffällige Person mit mausbraunem Haar und grauer Haut geschildert, unattraktiv bis auf ihr »Gemmengesicht«. Sie verändert sich nur für den einen Tag, an dem sie aufblüht, um den Studenten Hugo Großmann mit weiblichem Charme zu erobern. Es kommt in der Literatur nicht häufig vor, daß der Autor eine häßliche Frauenfigur ins Zentrum stellt. Doch nicht nur in *Mathilde Möhring*, sondern explizit auch in *Schach von Wuthenow* bestimmt die Häßlichkeit einer Frau den gesamten Handlungsverlauf. Die pockennarbige Victoire de Carayon beklagt ihr unschönes Aussehen, während Freundin Lisette sie tröstet: »Es ist nur *eines,* um dessentwillen wir Frauen leben, wir leben, um uns ein Herz zu gewinnen, aber *wodurch* wir es gewinnen, ist gleichgültig.«[43] Fontane läßt im Roman den für seine Affären bekannten Prinzen Louis Ferdinand ausrufen: »Ja, meine Herren – Was ist Schönheit? ... Glauben Sie mir, das Herz entscheidet, n u r das Herz. Wer liebt, wer die Kraft der Liebe hat, ist auch liebenswürdig ...«[44] Als Emilie ihrem Mann mitteilte, Martha werde wohl keine Schönheit werden, hatte er geantwortet: »Wenn sie nicht schön wird (eine Hoffnung, die man nun wohl aufgeben muß), muß es auch *so* gehen. Innen lebt die schaffende Gewalt« – die Häßlichkeit einer Frau werde durch ihr liebebereites Herz aufgewogen. (8.5.1871)

George Fontane, fünfunddreißig Jahre alt, heiratete am 12. Juni 1886 seine hübsche Braut Martha Robert. Übermütig vor Glück, hatte er zuvor seinem jüngeren Bruder Theo versichert, s e i n e Martha sei »das beste, liebste, reizendste Geschöpfchen, was es gibt, sie erobert sich aller Herzen im Fluge; Papa und Mete sind ganz verliebt in sie.« (16.3.1886) Seine Schwester besaß im geselligen Umgang offenbar nicht den Charme und nicht den Liebreiz, über den ihre Schwägerin verfügte.[45] Sie war oft so ablehnend, daß Fontane sie vor einer Begegnung mit der Schwägerin ermahnte: »Sei nur recht nett zu ihr und nicht zu kritisch.« (3.8.1898) Ihrem Wesen nach war Mete weder anschmiegsam noch hingebungsvoll. Sie liebte ihren Vater, der Mutter gegenüber war von Zärtlichkeit wenig zu spüren. Und weil sie nie die Beachtung erhielt, auf die sie sehnlich wartete, war es ihr auch nicht gegeben, so offen und unbeschwert über beliebige Themen zu plaudern wie ihren Freundinnen. Fontane erlebte dieses Drama hautnah mit und machte bekümmert die Feststellung, »daß nur sehr kluge und sehr gute, andererseits nur ganz einfache, schlichte Menschen ein Wesen wie Marthas ertragen können«. Die meisten würden eine solche Ausnahmeerscheinung einfach nicht begreifen. »Sie tut mir entsetzlich leid. Sie hat das Bedürfnis nach Auszeichnung und kann sie, nach ihren Gaben, beanspruchen ... An Georges Hochzeit wirkte sie wie eine Fremde, so sehr, daß mir das Herz weh tat.« (19. 7. 1886)

3.

Am 15. Juli 1886 meldete Fontane Friedlaender, Martha leide unter gastrischen Störungen. Er war mit ihr nach Krummhübel gereist; der hübsche Ort im Hirschberger Tal gefiel ihm immer wieder, doch kaum eingetroffen, wurde Martha sterbenskrank. Der Frau des Amtsrichters Georg Friedlaender im nahen Schmiedeberg, mit dem er sich anfreundete, schickte er aus dem »Lazarett Krummhübel« die Meldung, seine Tochter habe in der Nacht unter furchtbarem Gallenerbrechen gelitten. Als Medizin habe er nur Rotwein, Whisky und einen halbverdorbenen Rest Morphium vorgefunden, wodurch »das entsetzliche Würgen« tatsächlich ausblieb. Dann aber bekam er es mit der Angst zu tun: wie, wenn das bräunlich-dicke Zeug ihr geschadet hätte? Also kletterte der fünfundsechzigjährige Dichter nachts noch einmal die Treppe zu ihrem Zimmer hinauf, zu prüfen, ob er seine Tochter vergiftet habe. (15. 7. 1886)

Martha überlebte nicht nur, sondern wechselte, nachdem sie sich erholt hatte, zum anderen Extrem, indem sie sich temperamentvoll und sportlich betätigte. »Mete macht das Mögliche möglich«, schrieb Fontane an Frau Zöllner, »badet, tanzt, klettert und kocht ... dazu spielt sie 4 Stunden lang Lawn-Tennis und ist mal wieder glücklich, was sie schon aufgegeben hatte.« (19. 8. 1886)[46]

Abb. 1: Martha Fontane als artig lesende Sechsjährige

Abb. 2: Emilie Fontane, Ehefrau und junge Mutter

Abb. 3: Theodor Fontane, ein Vater von fünfzig Jahren, 1869

Abb. 4 und 5: Marthas Brüder George, Friedrich und Theo Fontane

Abb. 6: Die Wohnung der Familie Fontane in der Potsdamer Straße 134 c, dritter Stock links

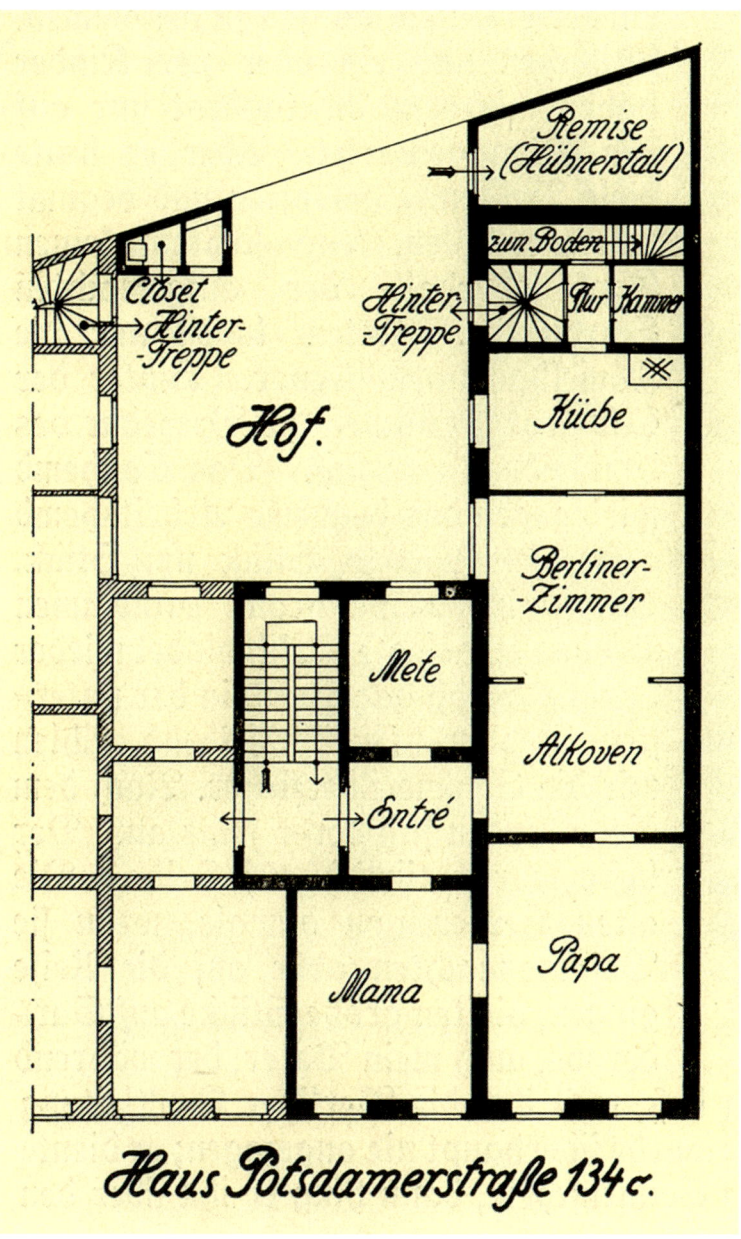

Abb. 7: Grundriß der Fontane-Wohnung in der Potsdamer Straße 134 c.
In der Mitte das sogenannte »Berliner Zimmer« mit dem Alkoven

Abb. 8: Martha Fontane mit achtzehn Jahren

Abb. 9: Der Sänger Julius Stockhausen

Abb. 10: Das Ehepaar Julius und Clara Stockhausen

Abb. 11: Die Kinder Johannes, Margarethe, Friedrich und Emanuel Johannes
Theodor Stockhausen, um 1880

Abb. 12: Martha Fontane im Alter von zwanzig Jahren

Abb. 13: Das Gutshaus der Familie von Mandel in Klein Dammer bei Züllichau, wo Martha als zwanzigjährige ›Hauslehrerin‹ vier Kindern Unterricht erteilte

Abb. 14 und 15: Max und Eugenie von Mandel, Marthas Gasteltern auf Klein Dammer

Abb. 16: Fontanes Freund und Marthas Wohltäter aus Rostock, der Fabrikant Friedrich Witte, um 1880

Abb. 17: Martha Fontanes mütterliche Freundin Anna Witte, um 1876

Abb. 18: Marthas Freundin Marie Bencard aus Rostock

Abb. 19: Medizinprofessor Dr. Gustav Veit, Marthas Arzt und Ehemann
ihrer Freundin Marie Bencard

Abb. 20: Das Rittergut Deyelsdorf in Mecklenburg im Besitz des Ehepaares Veit, beliebter Ferienaufenthalt von Martha Fontane

Abb. 21: Theodor Fontane im Alter von 64 Jahren. Gemälde von Carl Breitbach, 1883

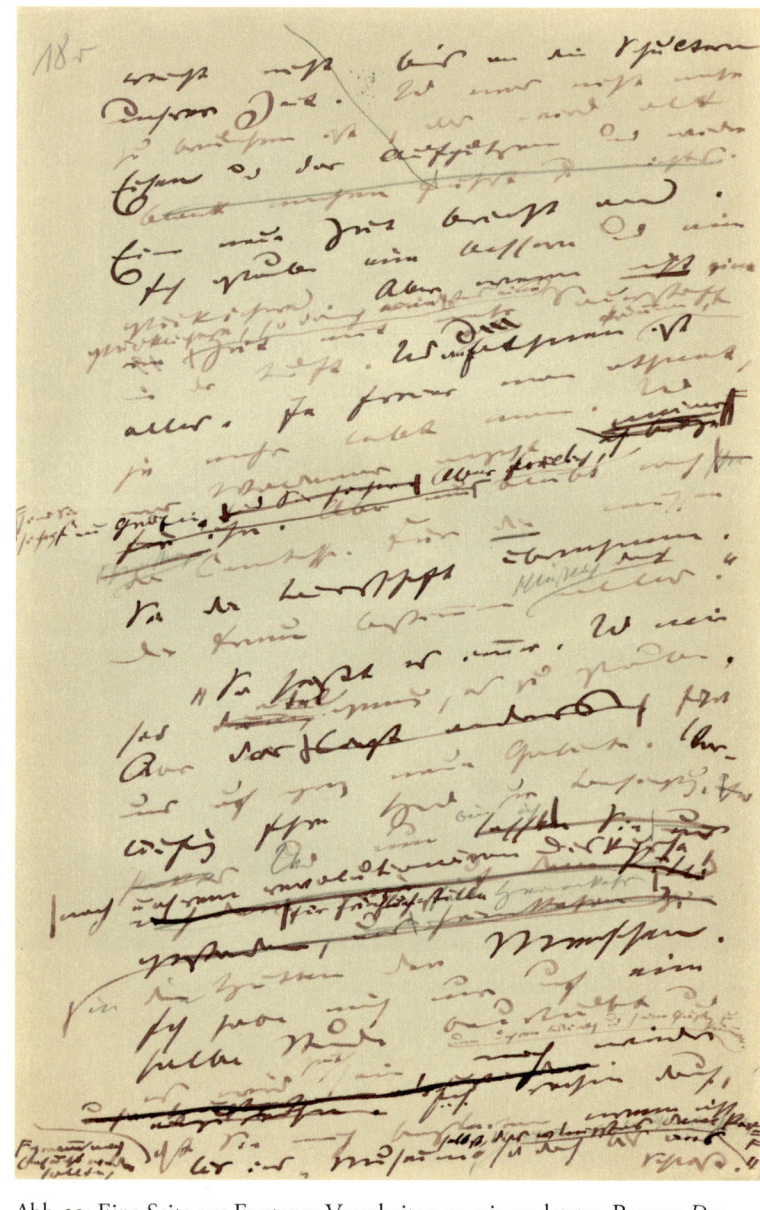

Abb. 22: Eine Seite aus Fontanes Vorarbeiten zu seinem letzten Roman *Der Stechlin*

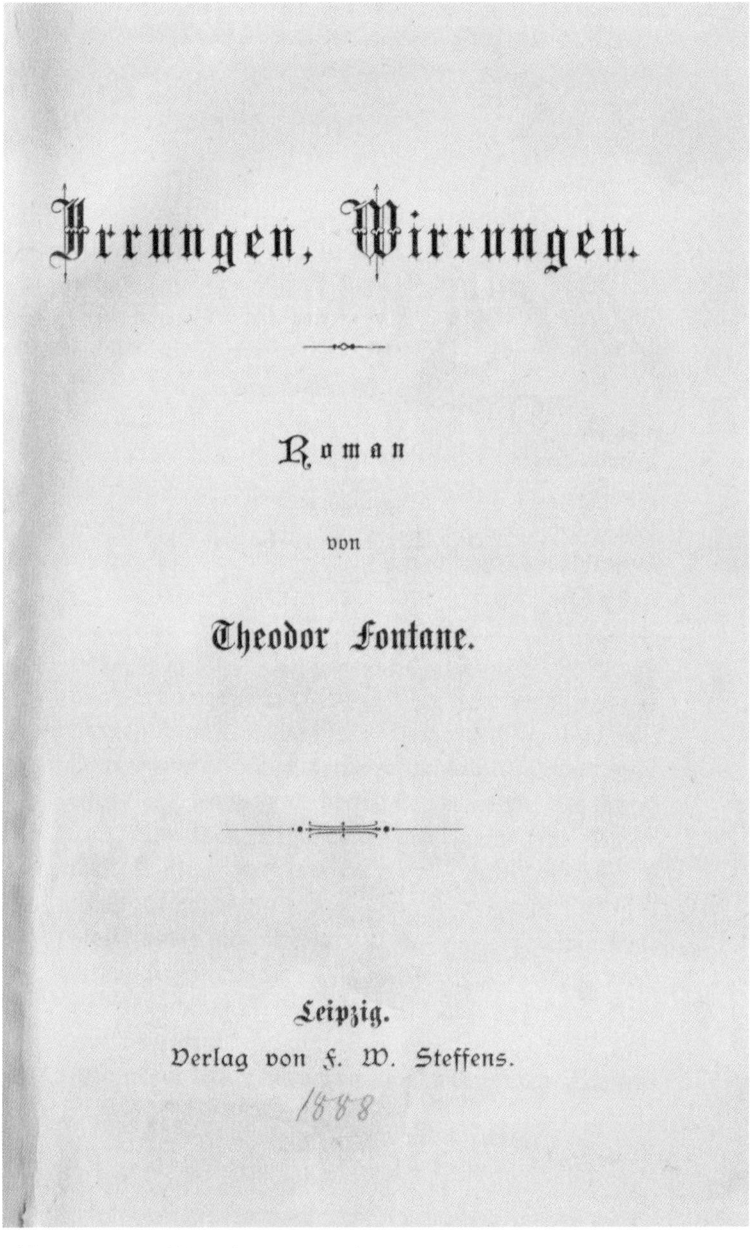

Irrungen, Wirrungen.

Roman

von

Theodor Fontane.

Leipzig.
Verlag von F. W. Steffens.

1888

Abb. 23: Das Titelblatt der Erstausgabe von *Irrungen, Wirrungen*

Abb. 24: Fontanes lebenslange Freundin und Ratgeberin in gesellschaftlich-literarischen Fragen, die Stiftsdame Mathilde von Rohr

Abb. 25: Martha Fontane, vierundzwanzig Jahre alt, in bevorzugt eleganter Kleidung

Abb. 26: Marthas Freundin Lise Witte, verheiratete Mengel, mit drei von
vier Kindern. Rechts Marthas Patenkind Gertrud Mengel

Abb. 27: Emilie Fontane als etwa fünfzigjährige Ehefrau und Mutter von vier Kindern

Abb. 28: Der Schriftsteller und berühmte Balladendichter Theodor Fontane
in seinem letzten Lebensjahr 1898

Abb. 29: Der von Martha geschätzte und lebenslang verehrte Journalist und Schriftsteller Paul Schlenther

Abb. 30: Die von Fontane verehrte Schauspielerin Paula Conrad

Abb. 31: Die fünfunddreißigjährige Martha Fontane als Begleiterin ihrer Gönnerin, der Fabrikantengattin Anna Witte, während des Urlaubs in Meran

Abb. 32: Martha Fontane als Ehefrau des Architekten Fritsch, vierundvierzig Jahre alt

Abb. 33: Der Architekt
Karl Emil Otto Fritsch,
den Martha Fontane im
Januar 1899 heiratete

Abb. 34: Martha Fritsch-Fontane am Flügel in ihrem Haus in Waren an der
Müritz

Abb. 35: Martha und Ehemann Karl Fritsch in ihrem Haus in Waren

Abb. 36: Vater und Tochter Fontane während ihres gemeinsamen Urlaubs in
Arnsdorf im schlesischen Riesengebirge, 1886

Gerade veranstaltete der Ferienort Krummhübel für die anwesenden Kurgäste eine »Reunion«, ein ländliches Tanzfest mit Musik. Martha freute sich sehr darauf – die Enttäuschung war dann umso größer. Fontanes Brief zeigt sie in einer peinlichen und ärgerlichen Situation, die sein Mitleid erregte. Während er, der Vater, mit einem Blick in den Tanzsaal vorab die Lage sondierte, »stand Martha, mit 2 weißen Rosen am Busen, draußen und wartete auf meinen Bericht. Der lautete: schleuniger Rückzug. Es waren wohl 40 Damen da und höchstens 7 Herren – dann lieber Verzicht.« Martha Fontane, sechsundzwanzig, erlebte die bittere Situation einer Frau, die ohne männliche Begleitung nichts galt. Das Wort vom »Verzicht« stand von nun an bedrohlich und beunruhigend im Raum. »Mete hat sich leidlich wieder erholt, ist aber verstimmt«, schrieb er seiner Frau. »Sie findet, daß die Leute nicht freundlich, anerkennend und entgegenkommend genug gegen sie sind. Leider hat sie Recht ...« (19.7.1886)

Als Martha bald nach Georges Heirat die Verlobungsanzeige ihrer Freundin Martha Müller-Grote erhielt, bemerkte der Vater hellsichtig: »Mete war als Freundin sehr erfreut, was sonst in ihrem Herzen gestanden haben mag, mag ich nicht wissen.« Bei dem »Riesenpolterabend« der Freundin, an dem sie einen Prolog sprechen wollte, stürzte sie über einen Balken, »verknaxte sich den linken Fuß, fiel aus einer Ohnmacht (vor Schmerz) in die andere und trat dann vor ...« Daß sie dennoch beim Theaterspiel glänzte, kommentierte er mit den Worten: »Wenn doch ihr Glück einigermaßen ihrer Begabung entspräche.« (23.7.1886)

Nach Ansicht der Mutter war es allmählich an der Zeit, daß die Tochter wieder ins Berufsleben einstieg und eigenes Geld verdiente. Sie schrieb an Mathilde von Rohr, Martha müsse sich zwar noch schonen, hoffe aber, im Herbst »ihren Lehrberuf wieder aufnehmen zu können.« (10.3.1887) Wußte sie nicht, daß Mete nach den katastrophalen Erfahrungen mit frechen Schülerinnen geschworen hatte, »erwachsene oder heranwachsende Zöglinge« nicht mehr zu unterrichten? Vor allem wollte sie nie wieder eine Stelle in Berlin annehmen, weil sie, wie sie betonte, »die daraus erwachsenden Konflikte« schon deutlich vor sich sehe. (8.3.1881) Um weiteren Debatten zu entgehen, reiste Martha nach Münster, um der Ehefrau ihres Bruders Theo bei der Geburt des ersten Kindes beizustehen. Fontane hatte sich in den bei Berlin gelegenen Ort Rüdersdorf zurückgezogen, um *Die Quitzows in Geschichte, Lied und Sage* zum Druck vorzubereiten, als im September 1887 sein erster Enkel, Otto, zur Welt kam. Auf der Rückreise besuchte Mete ihren Vater in Rüdersdorf. In den zwei Tagen, die sie bei ihm wohnte, überraschte sie ihn mit sprühendem Erzähltalent und der spritzigen Art, ihre Erlebnisse eloquent zu schildern, so daß er sie impulsiv »Scheherazade« nannte. Die Tochter wird dieses Lob so empfunden haben, wie es gemeint war: die höchste Auszeichnung auf dem Gebiet der Erzählkunst.

4.

Es traf eine Nachricht ein, die Martha völlig in Beschlag nahm. Jene Freundin, die sie bei Lises Hochzeit kennengelernt und ihre glücklichste Eroberung genannt hatte, die entzückende Marie Bencard aus Rostock, hatte sich mit einem Professor der Medizin verlobt. Das Paar, das den Bund fürs Leben schließen wollte, war im Alter so weit auseinander, daß diesmal sogar Fontane, Verfasser von Novellen wie *Graf Pétöfy, Cécile, Effi Briest,* also Ehegeschichten mit ungleichen Partnern und daraus entstehenden Konflikten, seine Bedenken äußerte. An Maries Beispiel konnte man exemplarisch die Situation einer Frau im Wilhelminischen Zeitalter studieren: für eine Ehe wurden oft erhebliche Altersunterschiede in Kauf genommen. Die siebzehnjährige Effi Briest antwortet den Freundinnen, die sich über einen doppelt so alten Bräutigam wundern: »Jeder ist der Richtige.« In *Stechlin*, Fontanes letzten Roman, überlegt die schöne Gräfin Melusine, den alten Baron zu ehelichen, und fragt ihre Schwester Armgard: »Was meinst du, wenn ich den Alten heiratete?« Ähnlich hatte sich Martha Fontane geäußert, als sie kurzfristig für den Schwiegervater von Lise Mengel schwärmte: »Lise ist sehr liebenswürdig und neckt mich damit, daß ich noch ihre Schwiegermutter werde. Der alte Herr ist zu nett.«

Für den betagten Professor Veit war es die zweite Ehe. Fontane, an gesellschaftlichen Ereignissen dieser Art schon aus schriftstellerischen Gründen außerordentlich interessiert, äußerte bei Martha vorsichtig seine Meinung. Die Braut war vierunddreißig Jahre jünger als der Bräutigam – das war ein gewagtes Unternehmen, vor allem dann, wenn man an den sexuellen Aspekt der Angelegenheit dachte. Ohne das heikle Vorhaben direkt zu verdammen, schrieb er an Martha, die großen Wert darauf legte, zur Hochzeitsfeier nach Bonn zu fahren: »Ich möchte für diese Stunde nicht Marie Bencard und vielleicht noch weniger Dr. Veit sein.« Für viele Frauen galt: besser eine Ehe ohne Erotik als gar keine. Mama habe ihren Einwand schon unmißverständlich geäußert. Er für seine Person sei zwar nicht entrüstet über das »Petöfyabkommen« – mit anderen Worten, über eine enthaltsam-platonische Ehe –, »läuft es aber, wie mein alter Papa zu sagen pflegte, aufs ›Erotische‹ hinaus, dann hat es seinen Haken.« Hier lag der Hase im Pfeffer. Der gute Doktor Veit sei für den erotischen Akt zu alt. Die pikanten Betrachtungen waren auch für Martha gedacht, die geäußert hatte, gleichaltrige Männer seien immer langweilig, sie ziehe ältere Partner vor. »Von solchen Eheschließungen gilt dasselbe wie von der Kunst«, schloß der Vater seine prekären Erwägungen, »auf das Detail kommt es an.« (1. 7. 1887) Vier Jahre später hatte er Gelegenheit, sich über seinen Irrtum zu wundern: die dreiunddreißigjährige Marie Veit brachte im Dezember 1891 Sohn Gustav zur Welt.

Als habe Fontane ein Lehrstück über unebenbürtige Paare und unstatthafte Liebesaffären schreiben wollen, erschien in der *Vossischen Zeitung* sein Gesellschaftsroman *Irrungen, Wirrungen*, der von den Kritikern mit moralisch sehr unterschiedlichen Maßstäben bewertet wurde. Darin lernt der junge Baron Botho von Rienäcker bei einer Kahnfahrt Magdalene Nimptsch kennen, eine tüchtige junge Frau, die nahe dem Berliner Kurfürstendamm als Pflegetochter einer Waschfrau lebt. Das Thema »Pflegetochter«, das auch in *Ellernklipp* eine Rolle spielt, beschäftigte Fontane, seit er eine solche geheiratet hatte: Emilie Rouanet-Kummer war als Kind ebenfalls von Pflegeeltern aufgenommen worden. Im Roman sind es Lene und Botho, die sich lieben, und in der Einsamkeit von »Hankels Ablage« kommt es zu mehr als einem Kuß. Doch ein aristokratischer Onkel stellt den pflichtvergessenen und sittenlosen Neffen zur Rede: da er nichts erbe, müsse er, wie vereinbart, seine Kusine heiraten, die reiche Käthe von Sellenthin.

Die Kritiker waren gespalten. Für die einen war der Inhalt obszön, weil ein bürgerliches Mädchen und ein adliger Baron sich zu lieben wagen, den anderen erschien der Roman, der im Berliner Milieu spielt, kühn und realistisch, eine gelungene Abrechnung mit Adelsdünkel und falscher Moral. An einigen Details läßt sich Metes Einfluß erkennen; so schwärmt Käthe für einen bekannten Bariton, der im Roman Felix Bachmann heißt – der Autor hatte einen anderen berühmten Bariton im Sinn. Lene und Botho, die von Anbeginn an wissen, daß sie ihre Liebe nicht leben dürfen, weil die Gesellschaft Unebenbürtigkeit nicht toleriert, beschließen, sich zu trennen. Baron Botho heiratet gehorsam die Kusine mit der reichen Mitgift, Lene nimmt einen braven Witwer. Indem sie sich gesellschaftskonform und »vernünftig« verhalten, werden sie zwar nicht glücklich, akzeptieren aber die vom Autor geforderten »natürlichen Konsequenzen«.

Für Martha bedeuteten die »natürlichen Konsequenzen«, daß ein

Ausscheren aus ihren Kreisen unmöglich war. Wenn sie heiraten wollte, mußte es jemand aus derselben Gesellschaftsklasse sein. Da sie aber, wie sie ihrer Mutter erklärte, halbgebildete und subalterne Beamte ablehnte, bestand wenig Aussicht auf einen Mann, der ihren Ansprüchen genügen würde. »Nein, Mama, für Inspektoren und Kandidaten bin ich, glaube ich, nicht bestimmt.« (24.9.1880) Wie sollte ein Pastor oder Reeder, »ein kleiner Landprediger oder Gymnasiallehrer« die Konkurrenz zu ihrem bewunderten Vater bestehen? »Ich halte es für das schönste und beneidenswerteste Glück, Papa's Frau sein zu können« – an diesem Ausspruch hatte sich nichts geändert. Für Martha Fontane war der geistvolle Vater mit seinem liebenswürdigen Wesen der Maßstab, an dem jeder Bewerber scheitern mußte.

Der Tod des Bruders

1.

Gleichsam als Gegenstück zu *Irrungen, Wirrungen* hatte Fontane den Roman *Stine* konzipiert. Seinem Verleger Emil Dominik versicherte er, die Hauptperson sei trotz des Titels nicht etwa Stine, sondern deren ältere Schwester, die Witwe Pittelkow. »Ich glaube, sie ist eine mir gelungene und noch nicht dagewesene Figur.« (3. 1. 1888) Als Folge des Ärgers, den er mit *Irrungen, Wirrungen* erlebte – ein Leser hatte den Roman »eine Hurengeschichte« genannt –, warnte er den Verleger Joseph Kürschner direkt vor einer Veröffentlichung: er sei »kein Schriftsteller für den Familientisch«. (20. 1. 1888) Seit er als fast Sechzigjähriger seinen ersten Roman, *Vor dem Sturm*, verfaßt hatte, waren viele weitere Werke hinzugekommen: Die *Wanderungen durch die Mark Brandenburg,* die Novellen *Ellernklipp, Grete Minde, Schach von Wuthenow, L'Adultera, Graf Petöfy, Cécile, Irrungen, Wirrungen, Stine,* die Kriminalgeschichten *Quitt* und *Unterm Birnbaum,* die Balladen und Gedichte. Dennoch konnte er von den Honoraren kein wohlhabendes Leben führen. Dem Verleger Dominik, der sich für seine neue Arbeit interessierte, antwortete er: »... ich kriege nun, weil es schon ein über 4 Jahr altes Abkommen ist, 400 Mark pro Nord-und-Süd-Bogen, während mir Kröner für meine neueste, im vorigen Jahr in Krummhübel geschriebene Arbeit 600 Mark zahlt ... Unter 400 möchte ich nicht mehr sinken ... « (14. 7. 1887) Emilie mußte sich seine Klagen über mangelnde Resonanz in der Öffentlichkeit anhören. Im seinem Nachlaß fand sich das Gedicht:

Was ich mal wollte, was ich dann wurde,
Manchmal grenzt es ans Absurde.
Sprachen sprechen, tutti quanti,
Wollt ich à la Mezzofanti...
Dazu dichten im Stile Dantes,
Prosa schreiben wie Cervantes...
In Dichtung, in Liebe, wie die meisten,
Wünscht ich Erhebliches zu leisten.
All das wollt ich. Aber zur Zeit,
Ach, wie bin ich davon so weit!

Es stand jedoch nicht so schlimm, wie es in seinen Briefen klang. »Fontane ist schlechterdings bisher der Einzige, der den eigentümlichen Tonfall der alten Berliner Gesellschaft, das spezifisch Berlinische unserer ›besseren‹ Kreise, wiederzugeben verstand«, bemerkte der Schriftsteller Karl Bleibtreu.[47] Sein Ansehen und sein Einkommen stiegen gleichermaßen. Die eigentliche Quelle der Honorare war damals nicht das gedruckte Buch, sondern der Vorabdruck in Familien- und Unterhaltungsblättern wie *Die Gartenlaube*, *Daheim* und *Die Gegenwart* mit 300 000 Abonnenten. Im Grunde war Fontane schon damals ein gefragter und vielbeschäftigter Mann.

Gemeinsame Herbsttage am Fuß des Riesengebirges. Vater und Tochter verbrachten noch einmal Arbeits- und Erholungstage im schlesischen Kurort Krummhübel, wo Fontane in kurzer Zeit zwei volle Kapitel beendete – es war der Roman *Unwiederbringlich*, an dem er schrieb. Mete fühlte sich wohl. Die herbstliche Kälte war ihre beste Jahreszeit. »Heute war sie in Arnsdorf, um Einkäufe zu machen, in 2 ¼ Stunde war sie schon wieder zurück, hochrot von scharfer Luft und Sonnenhitze, fast so rot wie ihre Bluse.« Man hatte Freunde besucht, Mete hatte viel gesprochen und ihn durch ihre Eloquenz beeindruckt. Er schrieb seiner Frau: »Mete spricht aber mit eben so viel Quickheit wie Gewandtheit und Schärfe, und es ist schlimm, wenn auch bei solchem Meistervortrag – ich kenne keinen bessren – der Zuhörer gähnt ...« (14.9.1887) Es ärgerte ihn immer wieder, daß sie nie die Anerkennung erfuhr, die ihr gebührte. Eine Frau wie Martha, die in der Gesellschaft keine Anerkennung findet und sich fremd vorkommt, hat Fontane in seinem Textfragment *Oceane und Parceval* geschildert. Oceane von Parceval ist eine Meerfee, »eine moderne Melusine«, wie Fontane erklärt, die sich in die Gesellschaft einfügen und Gefühle wie andere Menschen erleben will, aber selber keine Gefühle hat.[48]

Außer der Tochter war es der Schmiedeberger Freund Georg Friedlaender, mit dem Fontane all das besprach, was ihn an welthistorischen Fragen beschäftigte. Martha konnte Friedlaender ebensowenig leiden wie Emilie, doch gerade bei diesem Freund konnte der Dichter seinen Ärger über die Zustände in Preußen loswerden. »Wir sind aus dem Elend, der Armut und Polizeiwirtschaft heraus«, schrieb er, »aber neben unsrer neuen Größe läuft eine Kleinheit, eine Enge und Unfreiheit her, die die verachtete Stillstands- und Polizeiperiode der 20er und 30er Jahre nicht gekannt hat ... Dabei mehren sich die Zeichen innerlichen Verfalls: Selbstsucht und rücksichtsloses Strebertum sind an die Stelle feinen Ehrgefühls und vornehmer Milde getreten ...« (3.4.1887) Neuerdings seien in Preußen Kaufmannsgeist und »Protzigkeit« an der Tagesordnung, monierte er, auch wenn die Berliner eigentlich zuverlässiger und vor allem auch viel intelligenter seien als die Sachsen. (7.7.1887)

2.

»George laboriert wieder am Magen« – diese Notiz Fontanes in seinem Tagebuch vom September 1887 bezeichnet eine Katastrophe, die in jenen Tagen begann und ihn für immer erschüttern würde. »Am 17. war George in Lichterfelde erkrankt, und an demselben 19., wo wir heiter und vergnügt unsere Rückreise machten, stand schon fest, daß er sterben müsse.« Martha fuhr sofort nach der Heimkehr zu Bruder und Schwägerin nach Berlin-Lichterfelde; die Mutter befand sich noch bei Freundin Johanna Treutler in Dresden. Eine Blinddarmentzündung war bei George diagnostiziert worden; drei herbeigerufene Ärzte waren nicht imstande, ihm zu helfen. George war sechsunddreißig Jahre alt. »Ich trat in demselben Augenblick an sein Bett, als sein Puls stillstand«, berichtete Fontane seinem Sohn Theo. Er hatte noch erlebt, wie der Kranke ihn »mit Todesaugen« ansah. »Mete hatte ihn während der letzten vier Nächte mit heroischem Mut gepflegt, gemeinschaftlich mit einer grauen Schwester. Die Liebesbeweise Metes und die Tapferkeit und Umsicht, womit sie ihn gepflegt, waren ihm das einzige Licht dieser schweren Tage ...« (24.9.1887)

Emilie war tief unglücklich. »Wir gehen Alle dem schönen Fest mit tiefer Wehmut entgegen«, meldete sie Sohn Theo kurz vor Weihnachten, »ich bin leider auch gesundheitlich recht herunter, hoffe aber mit Martchen und Meten am 24. nach Lichterfelde zu können, um ein Weihnachtsbäumchen auf unsres George Grab zu pflanzen«. ›Martchen‹ hieß die Schwiegertochter, die nun mit einundzwanzig Jahren Witwe geworden war. Über Martha wurde berichtet: »Meyers und Sternheim's sind Meten's Verkehr jetzt, sonst ist sie unsre getreue, liebe Tochter, die sich stark macht und heiter scheint, um uns aufzurichten.« (22.12.1887) Die mit Martha fast gleichaltrige Marie Sternheim war die attraktive Gattin des Bankiers Meyer, bei dem Fontane sein Geld zu deponieren pflegte. Er schwärmte für die schöne Frau, die ihn ihrerseits gern in der Potsdamer Straße besuchte, nannte sie »so ziemlich die normalste, angenehmste und liebenswürdigste Frau, die ich kenne« (April 1891), und freute sich über ihr gutes Verhältnis zu Tochter Martha. Maries Bruder Paul konnte sich nicht genug über die Freundschaft der beiden Damen wundern, die er »in geistiger Veranlagung, Temperament und Charakter« sehr unterschiedlich fand: »Aber vielleicht gerade deswegen!«

Das neue Jahr 1888 brach an, und Martha reiste mit fliegenden Fahnen nach Rostock. Fontane korrespondierte jetzt nicht mit Georg Friedlaender, sondern mit seiner Tochter über die politische Lage. »Denn elementar und in ihrer Art groß ist auch eines Volkes Neugier und Schaulust, wenn ein mit Recht gefeierter 91jähriger Kaiser gestorben ist.« Ihm ging es um Bismarck und die Bosheiten des jungen Kaisers Wilhelm II. gegen den altverdienten Kanzler. Emilie hatte ihm Bismarcks Ansprache zum Tod des alten Kaisers Wilhelm aus der Zeitung vorgelesen. »Ich zähle diese Rede zu dem Schönsten, Klügsten, Bedeutungsvollsten, was er je gesprochen hat.« Die Trauerrede auf den Verstorbenen sei ihm zu einer eminent politischen Rede geraten. »Daß der Brief des Kaisers an Bismarck mehr Kritik als Bewunderung ausdrückt, ist mir unzweifelhaft.« Damit war der neue Kaiser Wilhelm II. gemeint. »Bismarck kann das nicht ruhig einstecken, auch d a n n nicht, wenn der Kaiser ihn bittet zu bleiben und die Möglichkeit einer Versöhnung in Aussicht stellt.« (13./ 14.3.1888) Mete war im Reichstag gewesen und hatte Bismarck persönlich sprechen hören, auch wenn der große Mann so elend war, daß er »zwei Drittel seiner Rede« im Sitzen halten mußte.

Marthas Stellung im Hause Witte war neuerdings noch privater und persönlicher als bisher. Seit Lise geheiratet und ihr Elternhaus verlassen hatte, war sie es, die wie eine Tochter behandelt wurde, gleichgestellt mit den Herrschaften und nicht, wie bei Mandels, dem Personal im Oberstock zugerechnet. Bei Bedarf unterrichtete sie die Kinder Annemarie und Richard Witte oder las ihren Gastgebern aus Büchern und Zeitschriften vor, Tätigkeiten, die ihr das Gefühl vermittelten, nützlich zu sein. Friedrich Witte beging im großen Stil seinen Geburtstag, und Martha genoß derartige Festivitäten mit Wonne, so wie sie Reichtum und elegante Villen, Gärten und Kutschen, Wohlhabenheit und Großzügigkeit überhaupt schätzte. Fontane fand es im Grunde falsch, daß sie diese Welt der Verwöhnung und der Bequemlichkeit allzu ausgiebig kennenlernte. Die Tochter, deren Luxusbedürfnis er nicht billigte, kann in dieser Hinsicht als beispielhaft für *Effi Briest* gelten, die ihrer Mutter erklärt, sie sei sehr für Reichtum »und ein vornehmes Haus, ein g a n z vornehmes, wo Prinz Friedrich Karl zur Jagd kommt«.[49] Das könnte auch Martha gesagt haben, die bei Wittes das fand, was ihr daheim versagt wurde.

3.

Nach fünf vollen Monaten kehrte Martha in Begleitung von »Tante Anna« aus Rostock nach Hause zurück. Wirklich erholt schien sie jedoch nicht, als sie mit ihrem Vater und der »Tante«, Schwägerin Martchen, deren Schwester Emma Soldmann und den beiden WitteKindern Richard und Annemarie, achtzehn und dreizehn Jahre alt, in die Sommerferien nach Schlesien fuhr. Ihr Vater fühlte sich in der heiteren Runde wohl und fand alles vorzüglich. »Das Leben hier ist sehr angenehm«, meldete er seiner Frau. »Tante Witte reizend wie immer bei guter Stimmung und auch alles andre in gutem Einvernehmen.« Man hätte in der hübschen Pension, die von Martha selber ausgesucht worden war, eine ungetrübte Zeit miteinander verbringen können, doch sogar in diesem vertrauten Kreis spürte Fontane ihre Befangenheit und Beklemmung, was er Emilie in vorsichtigen Wendungen andeutete. Es sei im Grunde alles in

Ordnung. »Das andre wird ja wohl so sein, nun Du weißt schon wie«, schrieb er in Wendungen, die nur ihr verständlich waren, »aber ich kann doch auch ein Gefühl aufrichtiger Teilnahme nicht unterdrücken.« Jung, gut aussehend, aus einem wohlhabenden Hause, gebildet und von natürlicher Klugheit – und doch immer in eine zweite Stellung geschoben. Mete werde nicht angemessen behandelt. »Es liegt zu viel auf ihr. Sie soll die Wirtschaft führen, alles anordnen, berechnen, aufschreiben, sie soll die verschiednen Parteien bei guter Laune halten; sie soll sich um Richters, Ebertys, Droysens kümmern, sie soll Einkäufe machen in Arnsdorf oder Krummhübel, soll Briefe schreiben und bei der Stickerei helfen«, das alles sei anstrengend und raube ihr den Schlaf. Bei allem verhalte sie sich großartig, »ist von untadeliger Haltung und wirkt sehr gut, namentlich auch sehr hübsch. Dr. Heidenhayn soll ganz baff gewesen sein; er ist freilich daheim nicht verwöhnt ...« (16./18. 7. 1888) Offenbar mußte er vorsichtig sein, Mete war in diesem Punkt empfindlich. Vor kurzem hatte er ihr von einem Abendessen bei Heydens berichtet: »Die junge Frau, neben der ich bei Tisch saß, gefiel mir ausnehmend; ich finde sie auch nicht häßlich, fast im Gegenteil –«, an dieser Stelle stockte er, als ob er schon zu weit gegangen sei. »Überhaupt, was heißt häßlich?« hatte er eilig hinzugefügt. »Was mir gefällt, das ist hübsch. Einzelne Linien haben eine Art Vorrecht, aber nicht ein ausschließliches Recht.« (15. 6. 1888)

Für Fontane war 1888 ein Jahr, das viele Verluste brachte. Es war das Unglücksjahr, in dem Kaiser Wilhelm I. starb, Bismarck im Reichstag sprach und das Gerücht sich verdichtete, Kaiser Friedrich III. sei an Kehlkopfkrebs erkrankt. Es starb der geschätzte Dichter Theodor Storm, dessen Briefwechsel erhalten blieb, es starben die guten Freundinnen des Hauses, Henriette von Merckel und Mathilde von Rohr. An das größte Unglück, den Tod seines ältesten Sohnes, dachte der Vater täglich. Zufrieden war er nur, wenn er mit seiner Arbeit vorankam. Er schrieb, wie er Theo versicherte, an einem neuen Roman, mit dem er den Zyklus seiner Berlin-Romane abzuschließen gedenke. »Nun ist er im Brouillon fertig, vorläufig beiseitegeschoben. Titel: ›*Frau Kommerzienrätin oder Wo sich Herz zum Herzen findt*‹.« So nämlich laute die Schlußzeile eines sentimentalen Liedes, das die fünfzigjährige Kommerzienrätin hochromantisch vortrage, während sie in Wahrheit nur ans Geld dächte. (9.5.1888) Der endgültige Titel lautete dann auf Wunsch von Emilie und Martha: *Frau Jenny Treibel.*

König Lear und Tochter Cordelia

I.

»Lear und Cordelia« – mit diesem Vergleich, mit dem Fontane sich und Martha dem Kritiker Paul Schlenther präsentierte, war bereits alles gesagt. In Shakespeares Drama ist Tochter Cordelia die einzige, die ihrem Vater, dem unglücklichen König Lear, die Treue hält. Cordelia und Lear – Emilie besuchte ihre Freundin Johanna Treutler auf dem neuen Anwesen in Blasewitz bei Dresden, Fontane war mit seiner Tochter allein. Der Schriftsteller Georg Hirschfeld erlebte die beiden in der Potsdamer Straße. »Sie war ein tiefer, guter Kamerad ihres Vaters«, schreibt er.[50] Mit ihr konnte der Dichter über all das sprechen, was ihm am Herzen lag – und das war fast immer sein schriftstellerisches Werk. Diesmal war Mete sogar bereit, die mühsame Abschrift seines unfertigen Manuskripts zu übernehmen, der Kriminalgeschichte *Quitt,* deren Inhalt er zuvor intensiv mit ihr diskutiert hatte. Genugtuung und Zufriedenheit klingen aus seinem Bericht an Emilie. Er freue sich »des guten, liebenswürdigen und vornehmen Charakters«, versicherte er mit doppelter Betonung, »sie ist doch nicht bloß die klügste, sondern auch die beste von allen; sie hat die guten Fontane'schen Familieneigenschaften im höchsten Maß …« (2./14. 10. 1888)

Den Kritiker Paul Schlenther hatte Fontane dadurch kennengelernt, daß der unbekannte Journalist seinen Roman *Cécile* mit einer glänzenden Kritik bedacht hatte. Auf diese Weise wurde der junge Schlenther, den Fontane »einen gescheiten und talentvollen Kerl« nannte, sein persönlicher Freund – und bald auch ein enger Freund seiner Tochter. Paul Schlenther, sechs Jahre älter als Martha, gehörte mit Theo Fontane jun., Otto Brahm und Fritz

Mauthner zu den Begründern des Vereins der »Zwanglosen«, der sich eifrig für Fontanes Werke einsetzte. Der Roman *Irrungen, Wirrungen* wurde am 5. Mai 1888 ebenfalls von Schlenther in der *Schlesischen Zeitung* einfühlsam besprochen. Fontane war glücklich, daß sich die Freunde »sehr gut und sehr anerkennend« über seine Werke äußerten, »so daß ich ohne Übertreibung sagen kann: ich verdanke meine verbesserte Stellung oder doch mein momentanes Ansehn im deutschen Dichterwald zu größrem Teile den ›Zwanglosen‹. Die Jugend hat mich auf ihren Schild erhoben, ein Ereignis, das zu erleben ich nicht mehr erwartet hatte.« Wie hoch Paul Schlenther den Schriftsteller schätzte, geht aus seinem Nachruf hervor. Fontane habe mit *Irrungen, Wirrungen* den modernen Berliner Roman begründet, schrieb er und nannte ihn in Bewunderung seiner Arbeitsleistung den größten Dichter der Mark seit Heinrich von Kleist.

Sohn Theo hatte das neue Buch des Vaters, *Cécile,* nicht nur aufmerksam gelesen, sondern sogleich auch eine Parallele zu *Irrungen, Wirrungen* gezogen. Nun äußerte er starke Bedenken in Sachen Moral. Die Heldin des Romans, Cécile von St. Argan, verbirgt ein Geheimnis, das sie moralisch verdächtig und für ihre unsoliden Verehrer zur leichten Beute macht: sie war in ihrer Vergangenheit die Mätresse eines alten Fürsten und nach dessen Tod die Geliebte seines Neffen, schließlich findet man sie nervenkrank als unglückliche Ehefrau des älteren Obristen von St. Argan. Fontane belehrte den Sohn bereitwillig: es sei ja gerade Sinn und Zweck seiner Arbeiten, die herrschende moralische Praxis auf den Prüfstand zu stellen und die gängigen Urteile als falsche Moral zu entlarven. »Wir stecken ja bis über die Ohren in allerhand konventioneller Lüge und sollten uns schämen über die Heuchelei, die wir treiben, über das falsche Spiel, das wir spielen.« In seiner freimütigen Darstellungsweise liege »ein Stückchen Wert und ein Stückchen Bedeutung des Buches«, betonte er. »Der freie Mensch … kann tun, was

er will«, er müsse aber die sogenannten »natürlichen Konsequenzen« tragen – ob Fontane dabei auch an die eigenen »natürlichen Konsequenzen« in Gestalt von zwei unehelichen Kindern
dachte, ist fraglich. (8. 9. 1887) Er wolle Verständnis für mehr To-
leranz wecken, indem er die allgemein übliche Diskriminierung
der Frau durch seine Darstellung einzelner Frauenschicksale ver-
urteile. Das gesellschaftliche Verdikt, Verurteilung, Schuldspruch
und Verdammung, traf immer die Frau: ledige Mütter wie Victoire de Carayon, Hinterstubengeliebte wie die Witwe Pittelkow und
Lene Nimbtsch, ehrgeizige Töchter wie Mathilde Möhring, verachtete Frauen wie Cécile, die sich das Leben nimmt wie auch die
von ihrem Gatten betrogene Gräfin Holk, Ehebrecherinnen wie
Effi Briest, die im Unglück stirbt – sie alle wurden von einer ver-
logenen Gesellschaft verurteilt. »Fontanes Mitleid und dichteri-
sche Liebe gehören den Céciles und Effis, seine Achtung und väterliche Freundschaft waren bei den Rosas und Corinnas.«[51] Daß
Fontane weibliche Heldinnen bevorzugte, lag auch am Lesepubli-
kum: es waren vorwiegend Frauen, die seine Romane lasen.

2.

Im Frühjahr drängte es Martha wieder zur Freundin Lise Mengel,
die sie als glückliche Mutter von drei Kindern in Schwiggerohr antraf.
Doch kaum angekommen, ging es ihr schon wieder miserabel. Fontane hoffte auf ein Wunder, doch es trat nicht ein, im Gegenteil,
Mete litt an Schlaflosigkeit und heftigen Unterleibsbeschwerden,
abwechselnd war jeder Teil ihres Körpers betroffen, Kopf und Augen, Galle und Leber. Die heiteren Ratschläge des Vaters fanden
keine Zustimmung, im Gegenteil, Martha war gekränkt, weil sie an-
nahm, er nehme ihren Zustand nicht ernst. Angsterfüllt hatte sie
ihm gestanden, als Gegenmittel gegen die Panikattacken zu einer

Flasche Rotwein zu greifen. Für Fontane war das ein herrlicher Grund zu einem Scherz, doch er kam übel damit an. »Wäre es nicht so ernst, so wäre es eine komische Situation: eine mit einer Flasche Rotwein gegen Angst verteidigte Dame«, spaßte er, man könne sich nämlich nicht »ein Leben lang ängstigen«. (16.4.1889) Mete, sensibel wie sie war, reagierte beleidigt. Er widersprach und wurde ernst. »Ich sehe Dir's oft an, wie leidend Du bist und wie traurig und unglücklich Du bist, so leiden zu müssen, und bei jungen Jahren gar kein Vertrauen mehr zu seinem physischen Menschen haben zu können.« (19.4.1989) Er dozierte über seine drei neuen Balladen, schickte ihr eine »hübsche Kritik von Schlenther« und riet ihr, länger auf dem Land zu bleiben, jedenfalls befehle er sie nicht nach Hause wie Goethe, der seinen Sohn August »abschreibenshalber« bei sich behielt – ein kleiner Hieb, denn nur ein einziges Mal hatte sich Mete zum Abschreiben eines Manuskripts bereitgefunden.

Hatte ihr schlechter Zustand auch mit Neid und Eifersucht auf ein gewisses Fräulein Conrad zu tun, das plötzlich in ihr Leben gedrungen war? Paula Conrad, 1860 geboren und damit genauso alt wie sie, war eine Schauspielerin, deren Darstellungskunst Fontane entzückte und die er als Kritiker ganz reizend fand – so reizend, daß er »die kleine Conrad«, von ihrem natürlichen Wesen und beachtlichen Können begeistert, nach Hause einlud (und sie sogar in seinem Roman *Die Poggenpuhls* namentlich erwähnte). »Mein gnädigstes Fräulein«, hatte er der jungen Schauspielerin im März 1889 geschrieben, »es ist mir sehr leid, Sie nicht selbst gesehen und gesprochen zu haben. Denn was meine Damen, besonders meine Tochter, Ihnen gesagt haben … ist ein s e h r schwacher und sogar sehr falscher Ausdruck dessen, was i c h über Ihre Hilde denke …« Er ermutigte sie, ihre Rolle weiter auszufüllen wie bisher. »Und nun spielen Sie heute, wie Sie neulich spielten, und dann wollen wir, wenn es Ihnen paßt, n a c h h e r weiter darüber reden. Wie immer Ihr Th. Fontane.« Marthas Vorwürfe hatten ihn so geärgert, daß er ihr eine geharnischte Epistel zukommen ließ, wie es seit Jahren nicht vorgekommen war. »Mit der Conrad hast Du ganz Unrecht. Du bist wie Mama und nimmst Dein Urteil und Dein Sentiment als das normale. Ich habe auch Urteil und Sentiment und bin gar nicht einzufangen.« Mete irre sich: er sei durch Lob nicht zu betören. »Übrigens lobt sie mich nicht, sondern ist eine kleine, leidenschaftliche, kratzbürstige Person«, die durch ihren Beruf Selbstbehauptung gelernt habe. (16.4.1889) Es wird Martha getroffen haben, ein weibliches Wesen ihres Alters auf diese Weise vom Vater bevorzugt zu sehen und später zu erleben, daß auch die Mutter von Paula angezogen war, ihr Spiel auf der Bühne mit Obsession verfolgte, sie »Liebling«, »liebes Kind«, »mein lieber Schatz« nannte und Briefe voll zärtlicher Worte an sie richtete, wie sie Mete nie von ihr bekommen hatte.

Ihr Zustand verschlimmerte sich. Wurde sie krank, weil sie sich in einer Sackgasse befand? War es die Perspektivlosigkeit, die sie in eine deutliche Abwehrhaltung trieb? Sie sei nun einmal eine »nervenschwache Dame«, beschwor Fontane die Tochter. »Es ist unsere Pflicht, eine gewisse ›Hospitalstimmung‹ von uns fern zu halten und nicht in ›fruchtlose Heulhuberei‹ zu verfallen.« George sei darin vorbildlich gewesen. »Auch Du hast diese Tapferkeit.« Letztlich sei es ihm nie anders ergangen, auch sie müsse mit ihrem Zustand zurechtkommen und ihre guten Stunden nutzen. Es war seine Art der Beschwörung, schließlich hatte er alle Hände voll zu tun, um den Aufträgen nachzukommen. (19.4.1889) Er saß über seiner »Dichterei«, hatte zu korrigieren und noch ein Dutzend Abschriften zu machen. Die dritte Auflage seiner *Gedichte* stand bevor. »Dann kann der Druck beginnen, vor dem ich mich fürchte; nichts regt mich so auf wie Correkturbogen«, immer fürchte man »eine Lächerlichkeit oder Unanständigkeit«, obwohl sich in Wahrheit kein Mensch für Poesie interessiere. Bäcker Thier, der an der Ecke seine Brötchen verkaufe, sei besser dran als er, klagte Fontane.

Die Situation war zum Verzweifeln – und Martha verzweifelte. Seit Jahren stand sie unter dem Druck, keinen Mann gefunden zu haben. Fontanes immer wiederholte Therapievorschläge müssen ihr auf die Nerven gegangen sein. Wurde ihr psychisches Leiden dadurch noch verschlimmert? Möglicherweise zog es sie nicht unbedingt zum männlichen Geschlecht, es waren vielmehr Frauen, die sie anzogen wie die vier unterschiedlichen Marien, mit denen sie Freundschaft schloß: Marie Sternheim, Marie Richter, Marie Schreiner und Marie Bencard-Veit. Dazu die lebenslange Freundin Lise Mengel.

3.

Die Mutter war entsetzt, als sie Martha in Empfang nahm. »Sie kam nach der dreistündigen Eisenbahnfahrt so verängstigt zurück, daß sie sich unfähig glaubte, die weite Reise nach Bonn zu unternehmen«, meldete sie dem in Münster lebenden Theo. Als letzte Möglichkeit einer Besserung wurde beschlossen, Martha zu ihrer Freundin Marie Bencard zu schicken, die mit dem Gynäkologen Gustav Veit verheiratet war; der berühmte Mediziner würde ihr gewiß helfen. Nach ängstlichem Zögern traf Martha in Bonn ein und war überrascht, den Arzt und seine Frau in einem schönen, unmittelbar am Rhein gelegenen herrschaftlichen Landhaus vorzufinden. »Meine liebe Mete. Dein Telegramm, Dein Brief und Deine Karte, die gut gegliedert und in richtigen Abständen hier eintrafen, haben uns sehr erfreut ...«, so der Vater. »Meine liebe Mete. Wir sind glücklich zu hören, wie glücklich Du bist ...« Er beantwortete ihre Nachrichten in ungewöhnlichem Jubelton. »Ja, das Höhere ist kein leerer Wahn ...« (5./17.5.1889) Sie möge die

Kur keinesfalls vor der Zeit abbrechen, riet er, nachdem der Frauenarzt ihr tatsächlich durch eine kleine Operation Besserung verschafft hatte. Endlich habe sie Freunde gefunden, die eine sich über das übliche Niveau erhebende junge Frau »nicht als einen Affront« betrachteten, endlich werde ihr das Glück zuteil, »von anderen anerkannt und bestätigt zu werden«. Sie habe »Herz und Verstand« auf dem rechten Fleck, versicherte er nachdrücklich, mit einem Vers von Grillparzer: *Jeder weiß, was er kann und soll / wenn er das erreicht / dann ist sein Glück erst voll.* (22. 5. 1889)

Er selbst bereiste das Havelland und besuchte die für seine neuen *Wanderungen* notwendigen Schlösser der alteingesessenen Familien von Bredow. Dabei gab er der Tochter humorvolle, oft spaßhaft-selbstironische Kostproben von seinen Auftritten. Den Bewohnern dieser alten Schlösser sei »der Zweck, zu dem man kommt, mehr oder weniger verdächtig«. Sie fragten sich nämlich: »›Was will er eigentlich? Da steckt gewiß was dahinter. Solch Berliner Scriblifax kann sich doch nicht für unsre Schafställe interessieren. Kunst? Bilderinschriften? Kunst gibt es hier nicht, und um das Bild von Tante Rosalie mit ihrer weißen Tüllhaube kann er doch unmöglich kommen‹. Die märkischen Edelleute sind sehr gute Menschen, aber sie haben den allgemein märkischen Zug des Argwohns, der Nüchternheit und des Nichtbegreifenkönnens ...« (26. 5. 1889)

Zu Pfingsten wollte Martha nach Hause kommen. Postwendend lehnten die Eltern ab: bei ihnen sei der sonst übliche »Eltern-Egoismus«, der die Tochter zur Hilfe im eigenen Haushalt verlange, nicht vorhanden. »Wir wünschen Dir nicht bloß Gesundheit, wir wünschen Dir auch Lebensfreude«, erklärte der Vater. (9. 6. 1889) Seine Post klang zufrieden. Er hatte dem Verleger Wilhelm Hertz seine vollendeten Gedichte überreicht, darunter auch die Verse *Herr von Ribbeck auf Ribbeck im Havelland / Ein Birnbaum in seinem Garten stand* – das Gedicht, das ihn berühmt machte. Mit Zeitschriftenartikeln und selbsterlebten Anekdoten war er bemüht, die ferne Tochter aufzuheitern. »Dabei fällt mir ein kleines Erlebnis ein«, schrieb er. »Ich ging gestern heimlich (was dann später auch moniert wurde) zu Mey & Edlich, um mir einen kleinen schwarzen Sommerrock für 10 Mark zu kaufen. Was auch geschah. ›Aber wird er passen‹? ›O, wir werden gleich sehn‹.« Als er begann, sich seiner Oberkleidung zu entledigen, habe die Verkäuferin mit den Worten: »Mein Herr, dies ist keine Bade-Anstalt« einen männlichen Schneider herbeizitiert, so daß er Grund hatte, sich ordentlich zu schämen. (25.6.1889)

Ihre Nervosität, bedeutete er Mete, beruhe einfach auf ihrer übergroßen Phantasie. Bei ihm sei es genauso, sie möge nur an sein Bayreuther Erlebnis denken, das in einer Angstkatastrophe geendet habe. Mete wußte Bescheid. Von Kissingen aus war er nach Bayreuth gereist, um bei den berühmten Wagner-Festspielen die Opern *Parsifal* und *Tristan und Isolde* zu hören. Sein Bericht lautete: »Sonntag ›Parsifal‹, Anfang 4 Uhr. Zwischen 3 und 4 natürlich Wolkenbruch. Mit aufgekrempelten Hosen hinein, alles naß, klamm, kalt; Geruch von aufgehängter Wäsche. 1500 Menschen drin, jeder Platz besetzt. Mir wird so sonderbar. Alle Türen geschlossen. In diesem Augenblicke wird es stockduster … Und nun geht ein Tubablasen los, als wären es die Posaunen des Letzten Gerichts. Mir wird immer sonderbarer, und als die Ouvertüre zu Ende geht, fühle ich deutlich, ›noch 3 Minuten und du fällst ohnmächtig oder tot vom Sitz‹. Also wieder raus … Gott sei Dank wurde mir auf mein Pochen die Tür geöffnet, und als ich draußen war, erfüllte mich Preis und Dank.« Bei Friedlaender hatte er noch hinzugefügt: »… im geschlossenen Scheunentempel saß ich wie als Kind in einer zugeschlagenen Apfelsinenkiste. Hundert Mark waren futsch. Trotzdem tut es mir nicht leid; die Beobachtung dieses Welttreibens hat mich aufs höchste interessiert.« (19./20.8.1889)

Im Sommer begann wieder Marthas »Mecklenburger Saison«. Sie reiste zu Wittes nach Warnemünde, anschließend zu Lise Mengel nach Schwiggerow – und wieder wurde sie krank. War es tatsächlich ein »Magenübel«, wogegen der Vater ihr »Thee mit Cognac« verordnete? »Meine liebe Mete – Du bist eine nervenkranke Dame, etwas nicht sehr erfreuliches, womit man sich aber einleben kann und muß. Ich bin zeitlebens ein nervenkranker Mann gewesen und es hat auch gehen müssen und ist gegangen.« Vielleicht war es tatsächlich ein Erbe der väterlichen »Künstlernerven«, wie ein Fontane-Biograph meint: »Sie hatte aber auch die Künstlernerven geerbt, deren feine Empfindsamkeit von früh an ihr körperliches Wohlbefinden stark beeinträchtigte.«[52] Doch der Vater beschwor sie: »Meine liebe Mete – Du hast schon ein gut Stück im Leben geleistet …« Durch ihr bloßes Da-Sein bewirke sie eine Menge, »alles ohne Anstrengung, ja am schönsten dann, wenn man das alles ohne Anstrengung leistet. Und indem ich dies alles als eine lange Standrede gegen Mama und ihre Tränen halte, spreche ich Dir selber vielleicht einen kleinen Trost ins Herz.« (13.8.1889)

Professor Veit, der sie mehrmals einer gynäkologischen Behandlung unterzog, wird in ihren Symptomen »hysterisches Verhalten« erblickt haben, nach damaliger Auffassung typisch für beschäftigungs- und kinderlose Frauen, letztlich Anzeichen einer verhinderten Sexualität.[53] Martha wurde so krank, daß Veit sie an einen Nervenarzt überwies, der ihr Brom verordnete. An »Martchen«, die Frau ihres Bruders Theo, schrieb Martha Anfang des Jahres 1891: »Du wünschst gewiß nun ein gedehntes *bulletin* über meinen Körperzustand; dies ist und bleibt ein unerfreuliches Thema. Das bischen Unterleib will nicht viel sagen …« Sie werde von einem Nervenarzt behandelt, »aber ob ich die wesentlichen Dinge, Unfrohheit, Schlappitüde und die große Angst je loswerde, ist mir mehr als zweifelhaft.« Jammervoll unterschrieb sie: »Familienwrack Martha F.« (26.1.1891)

4.

Ausgerechnet Marthas Krankheiten führten zu Fontanes innigsten Briefen. »Es wird schon alles wieder werden«, das war sein Trostwort, sein Credo. Das Nervenleiden gehe vorüber wie Zahnweh, sie möge sich ein Beispiel an Mama nehmen: »… sie strickt, ißt nichts und trinkt eine Flasche Moselwein.« Es gebe ein unfehlbares Rezept, um wieder Freude am Leben zu haben: »ein Beefsteak, ein Glas Château d'Yquem, eine wundervolle Birne, ein Brief, ein heiteres Gedicht, ein Witz, ein Lachen, vor allem ein Luftwechsel, ein liebes Gesicht, ein Glück«, das würde sie wieder auf die Beine stellen. (14.8.1889) Mit Glück war nach seiner Lesart natürlich das Glück in der Liebe gemeint – gerade seine Mete war doch unter einem »Liebesstern« geboren.

Der Austausch war zu einem wichtigen Faktor geworden. Die Tochter entsprach aufs schönste seiner Vorstellung von einem echten »talent épistolaire«. »Nur durch Briefe hängen wir mit der Welt zusammen«, hatte er schon der Fünfzehnjährigen geschrieben. (23.7.1875) Ihre Berichte waren mit originellen, ungewöhnlichen »Wortfindungen« verfaßt, die ihn ungemein erheiterten, eine Partnerin, die seine Briefleidenschaft erwiderte. »Denn in meinem eigensten Herzen bin ich geradezu Briefschwärmer und ziehe sie, weil des Menschen Eigenstes und Echtestes gebend, jedem anderen historischen Stoff vor«, schrieb er dem Maler Hanns Fechner, der sein Porträt schuf. (3.5.1889)[54] »Fontanes Briefe an seine Frau und Tochter sind der umfassendste und gründlichste, aber auch der liebenswürdigste und graziöseste Kommentar, den wir nicht nur über sein Leben, sondern auch über sein Denken und Schaffen besitzen.«[55] Seine Berichte an Mete wirken in ihrer Originalität oft wie Miniromane mit persönlichem Charakter. Ein Beispiel für seine Freude am erzählerischen Einfall ist sein Brief vom 1. September 1889. Er enthält wie in einer Nußschale den Dialog mit einem extravaganten Besucher, der unangemeldet bei ihm eindrang, um sich »etwas unheimlich und doch gewinnend gemütlich« als Novellenschreiber anzudienen. »Mein Name ist Flatow, Siegmund Flatow. Sie haben die Güte gehabt, Herrn S. ein freundliches Wort über meinen Artikel zu sagen; ich danke Ihnen …« Woraufhin der schnurrbärtige Herr dem Schriftsteller Fontane seine qualitätvollen Texte aufzählte, sein eigenes Können anpries, Anekdoten über Friedrich Wilhelm II. zum Besten gab und sich als Historienschreiber präsentierte, bei dem man »kein Geldgeklimper« höre – um sich nach anderthalb Stunden schlichtweg als Reklametexter zu entpuppen, jederzeit bereit, »150 Zeilen à 60 Pfennig« zu verfassen.

Sohn Theo wußte zu berichten: »Selbst seine Briefe … waren Ausdruck seines künstlerischen Betätigungstriebes.«[56] Als 1910 Fontanes Korrespondenz veröffentlicht wurde, bemerkte Thomas Mann in seinem Essay »Der alte Fontane«, er habe »Erheiterung, Erwärmung, Befriedigung« empfunden »bei jeder Briefzeile, jedem Dialogfetzchen«. Den Gesprächsfaden mit seiner komplizierten Tochter spann der Dichter nahezu ohne Unterbrechung weiter. Aufregend wurde es, wenn sich unerwartete Neuigkeiten von weitreichender Bedeutung ergaben. Als Theaterkritiker von Rang verfolgte Fontane mit besonderem Interesse die Werke der zeitgenössischen Dramatiker. Als Verfasser von mehr als 550 Theaterkritiken war er den Lesern inzwischen zum festen Begriff geworden. Im Herbst berichtete er Mete von einem neuen Talent, das er entdeckt habe, einem jungen Dichter namens Gerhart Hauptmann, dessen dramatische Stücke dem Publikum Gelegenheit teils zu Begeisterungsstürmen, teils zu lauten Protesten gaben. Was Herrn Hauptmanns Dramen betraf, hatte Fontane eine so hohe Meinung, daß er mit Superlativen nicht sparte. »Sein Drama *Vor Sonnenaufgang*«, ließ er Martha wissen, »beobachtet das Berliner Leben und trifft den Berliner Ton in einer Weise, daß auch das Beste, was wir auf diesem Gebiete haben, daneben verschwindet.« Dieser Autor sei von Phrasen gänzlich frei, »er gibt das Leben, wie es ist, in seinem vollen Graus, er tut nichts zu, aber er zieht auch nichts ab, und erreicht dadurch eine kolossale Wirkung«. Er werde diesen Mann einladen, und Mete könne sich ein eigenes Urteil bilden. Er jedenfalls, stelle Hauptmann höher als Ibsen. »Mama natürlich wieder in Angst, ich ginge zu weit.« (14.9.1889)

Tatsächlich befürchtete Emilie, Fontane könne in seinem Eigensinn und infolge unbedachter Meinungsäußerungen sein festes Honorar einbüßen, das einzige sichere Einkommen, das er von der *Vossischen Zeitung* erhielt. Die »Vossin« verhielt sich großzügig und zahlte ihm die Summe auch dann als eine Art Ehrensold weiter, als er seinen Theaterplatz Nr. 23 dem Freund Paul Schlenther überließ.

Über einen Abend mit Gerhart Hauptmann berichtet der Schriftsteller und Verleger Fritz Mauthner, der 1890 mit ihm zum Essen geladen wurde »… in eine enge Wohnung in dem alten engen Hause Potsdamer Straße 134c, im dritten Stockwerk. In einem niedrigen Zimmer sitzen um einen behaglichen Speisetisch acht Menschen, die da gerade noch Platz haben. Und drei von diesen Menschen sind der Hausherr, seine Frau und seine Tochter. Unter den Gästen der junge Gerhart Hauptmann, um den eben in Berlin heftig gestritten wird. Nur nicht in diesem Kreise. Das gut bürgerliche Mahl ist beinahe beendet; eifrig wird dem erlesenen Rheinwein zugesprochen, den der Hausherr wenige Wochen vorher zu seinem 70. Geburtstag erhalten hat … Die Nachfeier beim Geburtstagswein brachte uns noch eine besonders frohe Überraschung. Ich glaube, es war Fontanes Tochter, ihm geistig so vertraut, die es uns verriet, daß der Vater in den letzten Tagen neue Verse gemacht hätte. Der Dichter schmunzelte vielversprechend …«[57]

Ein damals entstandenes Foto zeigt die dreißigjährige Martha so, wie ihre Gäste sie sahen, eine selbstbewußte Frau im aparten weißen Kleid, mit aufmerksamem Blick und der Andeutung eines Lächelns, die statt langer Haare nun eine mondäne Kurzhaarfrisur trug. Paul Meyer, Bruder ihrer Freundin Marie Sternheim, bemerkte: »Martha Fontane ist eine der interessantesten Frauen, die mir im Leben begegnet sind. Keine Schönheit«, wie er fand, »aber von guter Figur, mit lebendigen, geistvollen Augen und von großer körperlicher und geistiger Beweglichkeit, und zwar diese in einem Maße vereinigt, daß die Anregung, die von ihr ausging, immer wohltuend und reizvoll war.«[58]

Wie unterhaltend Mete sein konnte, sprühend und anregend, erfährt man von ihrem Bruder Theo, der ihre Unterhaltungen mit dem Vater bewundernd erlebt hatte. »Anregung empfing er durch gute Bücher, Zeitungen, Zeitschriften, durch Gespräche nicht nur mit klugen Menschen, sondern auch solchen, die den einfachen Kreisen angehörten … Wichtig war ihm auch das Geplauder mit seiner nächsten Familie, da namentlich Frau und Tochter das seltene Talent besaßen, auch aus einer Kleinigkeit etwas Interessantes herauszuschälen.«[59] Martha selber wußte um diese Eigenschaften, die sie dem Vater ähnlich machten. Ob es um den Stoff zu einer neuen Novelle ging, um historische Fakten oder die Sprechweise seiner Romanfiguren: sie war seine bevorzugte Gesprächspartnerin. Eine »Literatur-Tochter« nannte sie sich in einem Brief an Paul Heyse selbst. (25.12.1889)

Gerhart Hauptmann hatte mit gerührten Worten Fontane für seine Unterstützung und sein vorurteilsloses Verständnis gedankt. Er habe, schrieb er, »etwas derartiges nicht entfernt erwartet«. Zu Beginn des Jahres 1892 war er wieder Gast in der Potsdamer Straße 134c, mit ihm Paul Schlenther und Otto Brahm. Fontane hatte als Fürsprecher dem dreißigjährigen Dramatiker, dessen sozial engagierten Stücken man vielfach mit offener Empörung begegnete, zum Durchbruch verholfen. Beim Abendessen waren zugegen »der

Dichter, die Gattin, die Tochter und sein ältester Sohn«, wie Hauptmann resümierte, ferner der Schriftsteller Fritz Mauthner und eine
junge, unbekannte Frau, vermutlich Paula Conrad. »So saßen wir
acht Personen um den Tisch, der, so klein und einfach der Haushalt im Ganzen war, was Form und Gehalt der Tafelgenüsse betraf,
französische Verfeinerung und Kultur zeigte. Die Unterhaltung bei
Tisch war eine prickelnde. Der alte Herr liebte eine gewisse Pikanterie, die sich an diesem Abend in einem lustigen Geplänkel mit
der jungen und hübschen Frau auslebte …« Das gute Essen wurde allseits gelobt. Gerhart Hauptmann bemerkte, daß Eltern und
Tochter »auf einem lustigen Kriegsfuß« und in einem »immerwäh-
renden Familienzwist« lebten.[60] Dieser Eindruck mag auch erklären, warum Martha so oft und lange das Weite suchte. Sie wollte
keinen Streit, vor allem keine Auseinandersetzung um ihre immer
zu hohen Ausgaben. Sie floh.

»Auf ihre Güter«

1.

Theodor Fontane wurde am 30. Dezember 1889 siebzig Jahre alt. Erste Gratulanten in der Potsdamer Straße waren die Freunde Friedrich Witte, Paul Meyer und Paul Schlenther. Der Besuch von Freund Schlenther gab Martha wieder Gelegenheit zu einem persönlichen Austausch. Beide hatten sich einen witzig-ironischen Ton angewöhnt, um ihre wechselseitigen Gefühle zu verbergen. Als die offiziell von der Presse und der *Vossischen Zeitung* ausgerichtete Geburtstagsfeier mit dreihundert Gästen herannahte, bei der der preußische Kultusminister persönlich eine Rede auf den Jubilar hielt, konnte sie sich mit organisatorischen Fragen an Schlenther wenden. Noch war der geschätzte Mann unverheiratet und frei. So beendete sie einen Brief an ihn mit der anzüglichen Formulierung: »Mit vielem Dank von mir ... in zwangloser Freundschaft«. (31.12.1889) Sie bewunderte Paul Schlenther, seine Liebenswürdigkeit zog sie an. Der sechs Jahre ältere Journalist und Schriftsteller, der Fontanes Nachfolger als Theaterkritiker für die *Vossische Zeitung* wurde, schätzte ihren Humor, war gern mit ihr zusammen und bedachte sie mit ausgesuchten Komplimenten. Doch während sie noch bemüht war, seine Gunst zu gewinnen, und mit Neid auf ihre kesse Nebenbuhlerin Paula Conrad sah, hatte er schon ein Auge auf die Schauspielerin geworfen, die Fontane »quick, heiter, natürlich« nannte. Martha war zwar eine unvergleichliche Erzählerin und schlagfertige Dialogpartnerin, doch ohne das verführerische Wesen und die lockende Sinnlichkeit der gleichaltrigen Aktrice. »Zwanglose Freundschaft« gerne – doch ein halbes Jahr später verlobte sich Paul Schlenther mit Paula Conrad.

Mehrfach gab der Vater seiner Tochter zu verstehen, daß sie, statt

Pillen zu nehmen, sich eine Beschäftigung suchen müsse, »denn könntest Du's zu einer ›Passion‹ bringen, gleichviel ob Eiersammlung, Tellerbemalung oder Gesang, so würde Dich das weiter bringen, als ein Zentner Brom ...« (25.7.1891) Interessanterweise schildert er in seinem Roman *Die Poggenpuhls* eine junge Frau, die eine solche »Passion« betreibt: sie verdient Geld als Porzellanmalerin. In seinen Gesellschaftsromanen stellt er bewußt Frauen in wirtschaftlich und finanziell abhängiger Situation dar, und zwar in allen Gesellschaftsschichten, in kleinbürgerlichen Verhältnissen ebenso wie in adligen Kreisen der *Poggenpuhls*. Dabei fällt auf, daß Frauen mit kleinbürgerlichem Hintergrund wie Lene und Stine die tätigen und tüchtigen sind, während ihm die unbeschäftigten »Damen der besseren Gesellschaft« in keiner Weise imponierten. Sarkastisch klingt eine Bemerkung, die er zu diesem Thema Mete unterbreitete. »Überhaupt, wenn ich mir vergegenwärtige, was mir, von Jugend an, von ›Damen‹ so vor die Klinge gekommen ist! Zum Weinen. Ich bin für alttestamentlich patriarchalische Zeiten, für Rebecca, Rahel und das Aushilfsmaterial, oder für die Zeiten Aspasia's und der ersten römischen Kaiser. Was unsre Gesellschaft bietet, ist miserabel, und bleibt es nur schwer festzustellen, ob der physische oder intellektuelle Stand der niedrigere ist. Ich fürchte der physische, was freilich viel sagen will. Wenn ich von Über-Kultur sprechen höre, wird mir ganz weh um's Herz; es sind erst Uranfänge da, die trauriger wirken als gar kein Anfang.« (27.8.1893)

Die einzige Frau unter seinen Romanfiguren, der Selbstbehauptung und Selbständigkeit gelingt, ist die resolute Mathilde Möhring. Bei Mathilde klingt nicht von ungefähr auch Martha an – für Fontane spielten die Namen seiner Figuren eine wichtige Rolle. »Ja, dergleichen ist mehr als Spielerei, die Namen haben eine Bedeutung«, sagte er selbst. Mathilde Möhring, die für eine ängstliche Mutter zu sorgen hat, sucht einen Mann, der ihre ärmliche

Lebenssituation verbessern soll. Ein echtes Gefühl treibt sie nicht, als sie einen Jüngling erobert, der aus Owinsk stammt, einem kleinen Ort mit großem Schloß, das Tochter Martha den Eltern nach ihren Besuchen bei Lise Mengel beschrieben hatte. Aus dem unbedarften Studenten Hugo Großmann macht Mathilde Möhring einen Mann mit Stellung und Bedeutung: er wird Bürgermeister von Woldenstein nahe seiner Heimat Owinsk, erhält Amt, Würde und ein gutes Einkommen. Doch leider ist Hugo den Strapazen nicht gewachsen und erliegt einem Herzschlag. Seine Gattin reagiert auf die Katastrophe ebenso gelassen wie Martha Fontane, als Rudolph aus ihrem Leben entschwand. Mit unsentimentaler Nüchternheit organisiert sie ihre Zukunft, besucht – wie Mete – das Lehrerinnenseminar, um sich und die Mutter in Zukunft zu ernähren. Von Glück ist in Mathildes Leben nicht mehr die Rede.

2.

Im Leben von Martha Fontane kam es zu einer ungewöhnlichen Begegnung, einer Bekanntschaft, die gleichsam eine Wende in ihrem bisherigen Dasein einleitete. Schon nach ihrem ersten Besuch bei Professor Veit in Bonn hatte sie dem Vater von einer überaus interessanten Bekannten berichtet, die sie dort kennenlernte: Margarete Gräfin von Wachtmeister. Das war ein Name, der augenblicklich in Fontane den Historiker auf den Plan rief. Er sei bei seinen Erkundungen der in der Mark Brandenburg beheimateten Bredows auch auf die dort ansässigen Schweden gestoßen, unter denen es um 1630 nicht weniger als fünfundsiebzig verschiedene Wachtmeisters gegeben habe, meldete er prompt. (5. 5. 1889) (Als er später die Personen seines Romans *Effi Briest* charakterisierte, ließ er Effis schneidigen Verführer Major von Crampas aus »Schwedisch-Pommern« stammen). Für Mete bedeutete die extravagante unabhängige Frau eine Eroberung, die in ihrem Leben eine erfreuliche Wende bewirkte.

Margarete Augusta Frieda Johanna Gräfin von Wachtmeister war die jüngere von zwei Töchtern des Professors Veit, der die Kinder nach dem frühen Tod seiner ersten Frau alleine großgezogen hatte. Wie Martha erfuhr, hatte Margarete Veit mit zweiundzwanzig Jahren den aus einem schwedisch-pommerschen Geschlecht stammenden Grafen Elis Palle Erik Arvid von Wachtmeister geheiratet. Anna Witte hatte sich seinerzeit darüber mokiert: es sei immer bedenklich, »wenn ein armer Edelmann sich mit einem reichen, häßlichen bürgerlichen Mädchen verlobte«, hatte sie gespottet und damit zugleich den Hinweis geliefert, daß Margarete keine *Beauté*, dafür aber eine gute Partie war. Nach einem halben Jahr Ehe starb der Graf mit sechsunddreißig Jahren. Seitdem kam Margarete häufig zu ihrem mit Marie Bencard verheirateten Vater nach Bonn. Bei einem dieser Besuche traf sie dort die Tochter des berühmten Dichters Theodor Fontane.

Margarete Wachtmeister – von Fontane nur noch als »die Gräfin« tituliert – war fünf Jahre jünger als Martha und eine vermögende Frau. Außer den Ländereien in Vorpommern besaß sie das große Schloß Zansebuhr, das sie alleine bewohnte. Im Spätmittelalter von Pommernfürst Bogislaw X. erbaut, war es zur Zeit des Spätbarock 1760 umgebaut und 1884 schließlich durch ihren Mann Elis Graf Wachtmeister noch einmal erweitert worden. Margarete, kinderlos und wohlhabend, konnte ihr ländliches Leben nach eigenem Gutdünken gestalten, die Mittel dazu waren reichlich vorhanden. Sie lud die neue Freundin zu sich ein – für Martha wurde Zansebuhr Zufluchtsort und Ankerplatz in bewegten Zeiten. Das von einem Park umgebene Rittergut lag inmitten weiter Felder südlich der Insel Rügen, kaum zehn Kilometer von der alten Hafenstadt Stralsund entfernt, die man in der von Margarete gelenkten zweispännigen Kutsche in einer guten Stunde erreichen konnte.

In Zansebuhr erlebte Martha eine nie gekannte Ungebunden-
heit. Die Freundin war extrem eigenwillig und hatte Martha vor-
aus, daß sie verheiratet gewesen war, aber weder an eine Wieder-
verheiratung noch an Kinder dachte. Seit der Druck von seiten
der Eltern nachgelassen hatte und Anna Witte keine anzüglichen
Reime mehr produzierte, lernte Martha die Vorteile der Freiheit
schätzen. Vielleicht war sie jetzt an einem Punkt angelangt, wo
Heirat keine Rolle mehr spielte. Mit der Zeit erwies es sich als Vorzug, ungebunden zu sein und reisen zu können, wann und wohin
man wollte. Ihre gleichaltrigen Freundinnen hatten Mann und
Kinder zu versorgen. Nur noch sie und Marie Schreiner waren
unverheiratet.

An allem, was Mete von »der Gräfin« aus Zansebuhr berichtete,
war Fontane so lebhaft interessiert, als sei es der Stoff zu einem
Roman und Zansebuhr das gräfliche Schloß der Holks in *Unwiederbringlich.* An »die Gräfin« erinnert in seinem letzten Werk, dem
Stechlin, die aparte Gräfin Melusine: sie ist weitgereist, kunstsin-
nig und eine gute Italienkennerin, liebt Männern gegenüber den
energischen Wiederspruch und führt, wie Margarete Wachtmeister, ein unabhängiges Leben.

Von einem solchen Leben war Martha fasziniert. Ohne Zweifel
besaß sie eine Eigenschaft, die ihr Tun und Treiben maßgeblich
bestimmte: den Ehrgeiz, es besser zu haben als ihre Eltern. Schon
früh hatte sie ihren Vater wissen lassen, sie sei ein Luxusgeschöpf
und als solches zu behandeln. Obwohl in äußerster Sparsamkeit
aufgewachsen – oder gerade deswegen –, entwickelte sie das Talent, wohlhabende Menschen kennenzulernen und sich als Freunde zu erhalten. Wie anpassungsfähig die Tochter war, hatte Mutter
Emilie schon festgestellt, als sie die Zehnjährige für ein Jahr nach
England schickte. Als vierzehnjährige hatte Martha unvergeßliche
Ferien auf dem Anwesen des Zuckerfabrikanten Treutler erlebt,
dessen Ehefrau Johanna sie verwöhnte. Auf dem Gutsbesitz der

Familie von Mandel und in den Schlössern des Landadels hatte sie stets das Gefühl, an ihr gemäßen Orten zu sein. Sie fühle sich in prächtigen Räumen wie ein Fisch im Wasser, hatte sie dem Vater mitgeteilt. Es setzte sich fort in der Fabrikantenvilla der Wittes und deren reich verheirateter Tochter Lise, die sie sich zur Lebensfreundin erkor. Die Aufenthalte im gräflichen Schloß der Wachtmeisters entsprachen schließlich ganz ihrem Wunsch nach einem herrschaftlichen Leben. Ihre Energie und ihr Einfühlungsvermögen, Klugheit und brennender Ehrgeiz brachten es dahin, daß sie nicht nur tage- und wochenweise außerhalb des Elternhauses lebte, sondern ganze Monate auf den Besitzungen ihrer Freunde verbrachte. Möglicherweise war es ebendieser Ehrgeiz, der sie auch davon abhielt, die Ehe mit einem Mann aus mittelmäßigen Verhältnissen und mit geringen Einkünften einzugehen, wie es bei Rudolph Schreiner der Fall gewesen wäre. »Nein, Mama, für Inspektoren und Kandidaten bin ich, glaube ich, nicht bestimmt«, hatte die Zwanzigjährige ihrer Mutter erklärt.[61]

Bei Freundin Margarete fühlte sich Martha wohl. Beide Frauen mochten sich in einer seltsamen Form von Anziehung und Abstoßung. Es kam vor, daß die launische Gräfin, die sich alles erlauben konnte, urplötzlich verreiste und für Wochen verschwand. Andererseits leitete sie mit dem Inspektor, den sie persönlich einstellte und befehligte, ihren 800 Hektar großen Gutsbetrieb mit Feld- und Viehwirtschaft, lenkte die Pferde und gab ihre Anweisungen. Oft waren beide Damen für Monate allein, was Fontane Anlaß zu diversen Anspielungen gab, die erkennen lassen, daß Metes Beziehung zu Margarete Wachtmeister anders geartet war als zu ihren bisherigen Freundinnen und daß das Verhältnis einer erotischen Tönung nicht entbehrte.

»Meine Tochter hat vor, bis in den Herbst hinein in Pommern, in der Nähe von Stralsund, zu bleiben«, meldete Fontane am 3. Mai 1891 Georg Friedlaender. Er selber hatte das Pech, einen verregneten Sommer auf der Insel Föhr verbringen zu müssen, wo ihn das schlechte Wetter und eine Erkältung am Schreiben hinderten. Dabei nahm er sich Zeit, die Vergangenheit zu überdenken. »Ich beschäftige mich damit, mein Leben zu überblicken«, meldete er seiner Frau. Wie gut sich doch alles entwickelt hatte! »Das Endresultat ist immer eine Art dankbares Staunen darüber, daß man von so schwachen wirtschaftlichen Fundamenten aus, überhaupt hat leben, 4 Kinder hat groß ziehn, in der Welt herumkutschieren und stellenweis (z. B. in England) eine kleine Rolle spielen können. Alles auf nichts andres hin, als auf die Fähigkeit, ein mittleres lyrisches Gedicht und eine etwas bessere Ballade schreiben zu können. Es ist alles leidlich geglückt ...« Zurückblickend komme er sich vor »wie der Reiter über den Bodensee. Kein Vermögen, kein Wissen, keine Stellung, keine starken Nerven das Leben zu zwingen ...« Er bewundere Menschen, die ihm Vertrauen schenkten, »denn ein Apotheker, der anstatt von einer Apotheke von der Dichtkunst leben will, ist so ziemlich das Tollste, was es gibt«. (23.8.1891)

In Schloß Zansebuhr gab es im Musiksaal einen Flügel, auf dem Martha nach Herzenslust musizieren konnte. Gelegentlich wurden auch Musiker aus Stralsund herbei gebeten, um Quartette zu spielen. Musik hatte für beide Frauen einen hohen Stellenwert. Fontane freute sich, daß seine Tochter am Flügel saß und Lieder von Brahms und Schumann sang. Die Musik sei die schönste Errungenschaft ihres Landaufenthalts, meinte er, sie könne sogar zu einer echten »Passion« werden. (25.7.1891)

3.

Im Frühsommer des Jahres 1891 machte Ehepaar Veit Martha das
Angebot, sie auf ihr Landgut Deyelsdorf in Vorpommern zu beglei-
ten. Es handelte sich, wie sich herausstellte, um ein altes Rittergut,
das sich wie Margaretes Schloß Zansebuhr zweihundert Jahre lang
im Besitz der schwedischen Grafen von Wachtmeister befunden
hatte; lange verwahrlost und heruntergekommen, hatte Professor
Veit es jetzt in neuem Glanz erstehen lassen. Das Herrenhaus mit
zweiundzwanzig Zimmern und einem gelben Saal strahlte in weißer
und heller Eleganz. Romantisch wirkten die weinlaubverhangenen
Fenster und die mit neugotischem Zierwerk eingefaßte Terrasse,
von der aus man einen weiten Blick über die alte Begrenzungsmauer
hinweg in den Park bis zu einem hochgelegenen Pavillon genoß.
Hier konnten Marie Veit und Martha Fontane unter Efeu und Vo-
gelgezwitscher an sonnigen Nachmittagen den Tee nehmen. In der
halbrunden Nische über dem östlichen Portal repräsentierte die
hohe Gestalt einer Göttin den edlen Stil des Klassizismus. Das Anwesen war so bezaubernd, wie man es eigentlich nur aus Theater-
dekorationen kannte.

Gern hätte Martha ihren Eltern diese Märchenwelt gezeigt.
Konnten sie nicht ihren nächsten Urlaub auf der Insel Rügen verbringen? Der Vater antwortete, er brauche seine Selbstständigkeit,
und die sei nur bei eigener Verpflegung unter Mitnahme der Haus-
haltshilfe zu haben. »Nur also, wenn wir Anna mitnähmen, ließe
sich von Rügen reden.« Er freute sich über ihren guten Zustand, es
liege doch »allem Anschein nach auch an den Menschen, die kennen zu lernen Du das Glück hast«. (13.6.1891)

Eine einzige bedauerliche Störung gab es in diesem Idyll. Die
beiden Schlösser Deyelsdorf und Zansebuhr lagen nicht allzuweit
voneinander entfernt. Man besuchte sich gegenseitig, und zwischen
Marie Veit und ihrer Stieftochter Margarete flammten Streitigkei-

ten auf, Eifersüchteleien, in die Martha mit hineingezogen wurde. Viel war in ihren Briefen vom Ärger durch »die Gräfin« die Rede, die den Frieden störe, weil sie es nicht verwinden konnte, daß ihr Vater eine Frau geheiratet hatte, die kaum älter war als sie und außerdem ein Kind erwartete.

Fontane riet Mete dringend zur »Familiendiplomatie«. Sie bat um sein neues Buch *Unwiederbringlich*, um es den Gastgebern vorzulesen. Den Stoff, eine prekäre Familiengeschichte, hatte Fontane durch seine Bekannte Frau Geheimrat Brunnemann erfahren. Nach ihrem Bericht hatte sich der Kammerherr von Plessen, der mit Frau und Kindern auf Schloß Ivenack bei Strelitz lebte, in Fräulein von Dewitz aus Pommern verliebt, »ein Ausbund nicht von Schönheit, aber von Pikanterie«. Herr von Plessen, liebestrunken, verlangte nach achtzehnjähriger Ehe die Trennung. »Die Frau, tödlich getroffen, willigt in alles und geht. Die Scheidung wird gerichtlich ausgesprochen.« Währenddessen schenkte seine Geliebte einem Jüngeren ihre Gunst und wies Plessen hohnlachend die Tür. Unglücklich reiste er in der Welt umher, bis er nach zwei Jahren nach Hause und zu seiner Frau zurückkehrte. Die älteste Tochter, die sehr an ihrem Vater hing, drängte die Mutter, ihn wieder bei sich aufzunehmen. Das Paar einigte sich, das Zerwürfnis wurde geschlichtet, und in Strelitz »wird das geschiedne Paar z u m z w e i t e n M a l e g e t r a u t«. Doch bald nach der Hochzeit blieb die scheinbar versöhnte Gattin verschwunden. »Man findet sie tot am Teich«, dazu einen Brief, »der nichts enthält als das Wort: U n w i e d e r b r i n g l i c h.« Fontane fand Gefallen an der Geschichte mit ihren seelischen Komplikationen. Er verlegte die Handlung nach Schleswig-Holstein und Dänemark, an jene Orte, die er gut kannte, ließ das Drama zwischen dem leichtsinnigen Grafen Holk und seiner unglücklichen Frau Christine auf Schloß Glücksburg und der Insel Seeland spielen, aus dem leichtfertigen Fräulein von Dewitz wurde Ebba von Rosenberg. »Solche Transponierungen sind nicht leicht«, betonte er bei seinem Verleger Julius Rodenberg. »Nun klingt viel nordisch Romantisches mit durch.« (21.11.1888) Kein Geringerer als Conrad Ferdinand Meyer nannte den Roman das Beste, was die *Deutsche Rundschau* je gebracht habe, »feine Psychologie, feste Umrisse, höchst lebenswahre Charaktere und über allem doch ein gewisser poetischer Hauch«.[62]

Vaters Tochter

1.

Im April 1892 erschien der neue Roman, *Frau Jenny Treibel*, von Theodor Fontane als Vorabdruck in der *Deutschen Rundschau*. In keinem anderen Werk stimmt eine weibliche Gestalt so deutlich mit der eigenen Tochter überein wie hier. Ihr Name: Corinna Schmidt. Ihr Charakter, ihre Bildung, ihr Hochmut und ihr Hang zum Wohlstand weisen unmittelbar auf Martha hin. Im Entwurf notierte der Autor: *Corinna: Pikant, frei, klug. Vaters Tochter.* »Fontane nannte Mete im vertrauten Kreis gern Corinna, er ließ damit durchblicken, wie weit er seine Tochter mit der klugen, zielbewußten Corinna Schmidt identifizierte«, heißt es.[63]

Martha sandte das erste Exemplar an Paul Schlenther, der noch im gleichen Jahr, in dem der Roman erschien, ihre Konkurrentin Paula Conrad heiratete. In seiner Rezension in der *Vossischen Zeitung* verglich er Corinnas Vater mit Fontane; in einer späteren Besprechung bemerkte er, daß Corinna geschildert werde wie »Fontanes eigene Tochter Martha«. Zwar verfüge sie nicht über den philosophischen Gleichmut ihres Vaters, besitze aber »Geist, Leben, Munterkeit, Witz, Energie«.[64] »Corinna« war fortan der Name, mit dem Martha ihre Briefe an Schlenther gern unterschrieb. Auch andere Schriftsteller haben die Ähnlichkeit zwischen der Romanheldin und Fontanes Tochter gesehen. »Das echte Kind des Fontaneschen Dichtergenius zeigte sich mir in Martha, der Tochter. Der graziöse Humor ihres lebensvollen Charakters ist in der Korinna des Romans ›Frau Jenny Treibel‹ enthalten«, schrieb Georg Hirschfeld.[65]

Die Corinna des Romans, einzige Tochter des verwitweten Professors Schmidt, ist keine Schönheit, dafür klug, temperamentvoll, schlagfertig und eine begabte Erzählerin. »Du bist sehr gescheit und weißt es auch«, sagt ihr Vetter. Im Hause von Kommerzienrat Treibel ist die junge Frau willkommen – das erinnert an Marthas Aufenthalte bei Kommerzienrat Witte. Frau Treibel lobt ihre exzellenten Kenntnisse: »Du sprichst Englisch und hast alles gelesen … Und englische Politik und Geschichte wirst du natürlich auch wissen, dafür bist du ja deines Vaters Tochter …« Noch ahnt die Kommerzienrätin nichts von Corinnas Plan, ihren Sohn zu heiraten. Leopold Treibel ist in Corinna verliebt, doch leider nicht in der Lage, seinen Willen auch durchzusetzen; unentschlossen gehorcht er seiner energischen Mutter, die die Heirat aus einem einzigen Grund verhindern will: Corinna ist »nicht dazu angetan, das Treibelsche Vermögen zu verdoppeln«.

Vorbild der Kommerzienrätin Treibel war Fontanes Schwester Jenny Sommerfeldt, über die er sich lustig machte, weil sie sich seit ihrer Heirat mit einem Kaufmann als vornehme »Bourgeoise« gerierte. Nach einem Besuch hatte er Mete gemeldet, ihm drehe sich »angesichts des wohlhabendgewordenen Speckhökertums« der Magen um. »Wirklicher Reichtum imponiert mir oder erfreut mich wenigstens …, ich lebe gern inmitten von Menschen, die 5000 Grubenarbeiter beschäftigen, Fabrikstädte gründen und Expeditionen aussenden zur Colonisierung von Mittel-Afrika. Große Schiffsreeder, die Flotten bemannen, Tunnel- und Kanalbauer, die Weltteile verbinden, Zeitungsfürsten und Eisenbahnkönige sind meiner Huldigungen sicher, ich will nichts von ihnen, aber sie schaffen und wirken zu sehn, tut mir wohl … Aber der ›Bourgeois‹ ist nur eine Karikatur davon, er ärgert mich in seiner Kleinstelzigkeit und seinem unausgesetzten Verlangen, auf nichts hin bewundert zu werden …« (18. 4. 1884) So besteht das sogenannte »Höhere«, das Frau Jenny Treibel für sich reklamiert, in einer gefüllten Geldkassette. Zweck der Geschichte sei es, belehrte Fontane seinen Sohn Theo, »das Hohle, Phrasenhafte, Lügnerische, Hochmütige, Hartherzige des Bourgeoisstandpunkts zu zeigen ...«[66] In scharfen Dialogen übte er Kritik an den neureichen Emporkömmlingen mit ihrer satten Selbstgerechtigkeit. »Nichts war ihm so verhaßt wie das Unechte, das Protzertum, kein Hehl machte er daraus, wie unangenehm ihm Manieriertheit und Dünkeltum waren, wie er fast körperlich litt unter Phrasentum und prahlerischen Worten ...«[67] Obgleich Frau Jenny schon seit Kinderzeiten mit Corinnas Vater befreundet ist, als sie noch Jenny Bürstenbinder hieß und im Kramladen ihrer Mutter aushalf, akzeptiert sie seine Tochter nicht. Seit ihrer Verheiratung mit dem vermögenden Kommerzienrat übertreibt sie ihre sogenannte Vornehmheit, ist »eine geldstolze Frau«, hält eigene Dienerschaft und Equipage und läßt in ihrem Salon Künstler auftreten wie den Sänger Adolar Krola – eine Reminiszenz des Autors an Julius Stockhausen. Frau Treibel spricht von Poesie und Gesang, meint aber Geld und Gold – hier wirkt Fontanes Spott über eine scheinbar gefühlvolle, in Wahrheit kaltherzige »Bourgeoise«. Er parodiert damit auch Marthas Überzeugung, daß Gold und Glück identisch seien und »Geld, Gasthöfe, Galerien und galonierte Diener« einen Menschen glücklich machen können.

Die Gestalt der jungen Corinna ist zwiespältig angelegt; auch darin gleicht sie der Tochter des Autors. Als man vom Heiraten spricht, erklärt Corinna freimütig: »Aber dummerweise hat mich noch keiner gewollt.« Corinna ist »apart« (wie Martha), haßt »kleine Verhältnisse« (wie Martha), schätzt Wohlhabenheit und Luxus (wie Martha) und möchte es im Leben zu etwas bringen (wie Martha). Fontane läßt seine Corinna sagen: »Ich erfreue mich, dank meiner Erziehung, eines guten Teils von Freiheit, einige werden vielleicht sagen von Emanzipation, aber trotzdem bin ich durchaus kein emanzipiertes Frauenzimmer.«[68] Damit charakterisierte er Marthas problematische Situation. Sie war einerseits emanzipiert, andererseits nicht in der Lage, einen eigenen Weg zu beschreiten. Sie war eine ausgebildete Pädagogin – doch was galt der Beruf einer Lehrerin? Sie nahm Musikunterricht und spielte Brahms, sie nahm Gesangstunden und sang sehr schön – doch sollte sie deshalb als Künstlerin auftreten? Eine Klavierspielerin war sie – aber ohne Klavier.

2.

In keinem seiner Frauenromane hat Fontane einen Weg gezeigt, den die eigene Tochter hätte beschreiten können. Von seinen weiblichen Gestalten erreicht mit Ausnahme der Ehebrecherin Melanie van der Straaten in *L'Adultera* keine das ersehnte Ziel, keine bekommt ein Schicksal zugewiesen, das ihren Voraussetzungen angemessen wäre. Martha konnte keinen ihrer Pläne verwirklichen. Daß dem Vater eine Anstellung in der Schule offenbar nicht zusagte, zeigt er in *Frau Jenny Treibel* an Corinna Schmidt, die eine zweifelhafte Ehe dem Beruf vorzieht. Fontanes Denkweise war und blieb in dieser Hinsicht altmodisch und patriarchalisch. Als Martha ihm seine Neigung zum Philistertum vorwarf, erwiderte er mit geröteten Wangen: »Aber ich bin ja stolz darauf.«[69] Zu der damals immer dringlicher werdenden Forderung nach einer besseren Berufsausbildung für Töchter und der Einführung des Frauenwahlrechts hat sich Fontane allenfalls abfällig geäußert. Die ihm persönlich bekannte Frauenrechtlerin Fanny Lewald war ihm suspekt, »ein Blaustrumpf«. Seine eigene Tochter war mit Eva Dohm befreundet, Tochter der bekannten Frauenrechtlerin Hedwig Dohm, die in den 70er Jahren vier Bücher zur rechtlichen und ökonomischen Gleichstellung der Frau veröffentlicht hatte. Doch dem Dichter ging es nicht um Selbstverwirklichung oder Eigenständigkeit der Frau, weder bei der Romanheldin Corinna noch bei seiner »Literaturtochter« Mete, die als Klügste der Geschwister bezeichnet wurde. Corinna Schmidt ist sogar »klüger als der Alte«, doch die Möglichkeit, ihre Begabungen umzusetzen, wird ihr nicht gewährt.

In Fontanes Romanen finden sich mit Ausnahme von Mathilde Möhring keine wirklich emanzipierten Frauen. Die Tragik, die daraus entstehen konnte, zeigt er in *Effi Briest*. Als verwöhnte Tochter wächst Effi unbeschwert und lebensfroh auf. Sie ist keineswegs dumm, doch ohne Ausbildung hat sie keine andere Möglichkeit, als Gattin und Gesellschaftsdame zu werden. Verheiratet wird die Siebzehnjährige mit Baron Geert von Innstetten, einem Mann Ende Dreißig. Früher hatte er die Mutter umworben, jetzt begehrt er »ohne rechte Liebe« die Tochter. Das Mißverhältnis rächt sich. Effi beginnt ein Verhältnis mit einem anderen Mann, Major von Crampas. Als Innstetten Jahre später von ihrem Ehebruch erfährt, fordert er den Liebhaber zum Duell und erschießt ihn, verlangt die Scheidung und überläßt seine mittellose Frau einem dürftigen Leben, »denn ich bin arm und habe nur, was man mir gibt«, klagt Effi. »Meine Eltern sind sehr gut gegen mich, soweit sie's können, aber sie sind nicht reich.«[70] Letztlich stirbt sie an ihrem Unglück.

Fontane hätte durchaus andere Möglichkeiten gehabt, das Schicksal seiner Heldin literarisch zu gestalten, zumal ihm das Vorbild vertraut war. Es handelte sich um Elisabeth von Ardenne, die 1887 wegen Ehebruchs geschieden worden war. Die Geschichte der unglücklichen Frau, die nur sieben Jahre älter war als Tochter Martha, war ihm während eines Abendessens von Emma Lessing, der Gattin seines Verlegers, berichtet worden; er kannte auch den Fortgang der Ereignisse sehr gut, als er seiner Leserin Clara Kühnast schrieb: »Vielleicht interessiert es Sie, daß die w i r k l i c h e Effi übrigens noch lebt, als ausgezeichnete Pflegerin in einer großen Heilanstalt.« (27.10.1895)

3.

Nichts hätte Martha davon abhalten können, die Sommersaison wieder bei ihrer Freundin Margarete in Zansebuhr zu verbringen, wäre nicht ein Ereignis eingetreten, das alle Pläne zunichte machte: Der Vater wurde lebensgefährlich krank. Schon seine ersten Frühlingsbriefe des Jahres 1892 enthielten einen ungewohnt resignativen Ton. Er sei jetzt über siebzig und brauche die Menschen nicht mehr, hatte er an Mete geschrieben. Sein Hausarzt Dr. Delhaes verordnete dem deprimierten Patienten Morphium. Wie bei Sohn George stießen die Ärzte damals bald an ihre Grenzen; noch kannte man für viele Krankheiten kein Heilmittel, manche Ärzte verschlimmerten den Zustand noch. Ob der Apotheker das Rezept verwechselte und versehentlich die zehnfache Dosis verabreichte, ob eine andere Ursache vorlag? Während des Urlaubs im schlesischen Zillerthal-Erdmannsdorf, den der Dichter mit Frau und Tochter am 23. Mai 1892 angetreten hatte, kam es zur Katastrophe.

Fontane aß nichts mehr, dämmerte kraftlos vor sich hin infolge schwerer Vergiftungserscheinungen, die ihn apathisch und zu jeder Tätigkeit unfähig machten. Er wurde mit Brom behandelt, man fürchtete um seinen Verstand. Der herbeigerufene Arzt sprach bereits davon, ihn in eine Nervenklinik einzuweisen.

Emilies Haltung war zu bewundern. Das ganze Ausmaß des Unglücks zeigt sich in ihren Briefen an die Söhne. Am 21. Juli 1892 wandte sie sich an Friedel. »Mete, die Dich herzlichst grüßt, ist natürlich wieder sehr herunter. Ihr fällt die Sorge für die Verpflegung Papa's zu, die sie mit ihrer ganzen Gewissenhaftigkeit erfüllt ...« Man könne nicht mehr in das unruhige und heiße Berlin zurückkehren, sie habe sich darum schweren Herzens entschließen müssen, in Schmiedeberg eine kleine Wohnung zu mieten. Vermutlich ist ihr kaum je ein Brief so schwergefallen wie der an

Sohn Theo vom 3. Juni 1892 aus Erdmannsdorf. »Ich will nun, mein lieber Theo, so nüchtern und kurz wie möglich Dir mitteilen, was das Resultat schwerer Kämpfe ist. Papa kam leidlich hier an; konnte auch in den ersten Tagen, vor Eintritt der Hitze, Briefe schreiben, lesen etc. Dann erneuten sich die Angst-Anfälle; wir mußten einen Arzt aus Hirschberg zu Rate ziehen, der nach einer eingehenden Untersuchung einen Herzfehler (Papa weiß es nicht) constatierte, äußerste Ruhe, vor allem jegliche geistige Aufregung untersagte. Damit war unsre Zukunft entschieden und vorgeschrieben. Ohne Extra-Einnahmen können wir in Berlin nicht existieren, und so haben wir den Entschluß gefaßt ... nach Schmiedeberg zu übersiedeln, wobei uns nur unsre arme Mete leid tut ... Daß innre Kämpfe und die schmerzlichsten Gefühle mit diesem Entschluß Hand in Hand gegangen sind, brauch' ich wohl nicht erst zu betonen.« Der Arzt spreche von Neurasthenie und wolle ihn in eine Nervenheilanstalt einweisen lassen. Sie glaube nicht mehr an eine Besserung. »Die Krankheit hat ihn rapid zum alten Mann gemacht und die Jugendlichkeit, Elastizität, die bisher sein größter Reiz waren, sind geschwunden, und er sitzt als gebrochener Mann uns gegenüber, daß uns das Herz weh tut.«

Mete war voll im Einsatz, war als Pflegerin, Haushilfe und Krankenschwester Tag und Nacht um den Vater bemüht. »Seit einigen Tagen ist die Familie Schreiner in Schmiedeberg, aber Martha kann doch höchstens immer auf ein Stündchen von uns fort«, schrieb die Mutter. Man kann annehmen, daß Marthas Exfreund Rudolph nicht dabei war. Sie hatte jetzt ganz andere Sorgen. Da eine neue Methode ausprobiert werden sollte, begleitete sie den Vater nach Breslau zu dem Neurologen Professor Hirt, der von »Gehirn-Anämie« sprach und eine »elektrische Behandlung« empfahl. Vermutlich war er es, der den Satz prägte: »Um zu sterben, muß sich Hr. Fontane erst eine andere Krankheit anschaffen.«[71] Sie litten alle drei: Fontane an Apathie und Depressionen, Emilie an Sorge und Kraftlosigkeit, Martha an Magenübeln und Beklemmungen. Erst nach Wochen äußerster Anspannung ging es Fontane etwas besser. Vorläufig sei die Gefahr, umziehen zu müssen, gebannt, meldete Emilie, die schon gepackt und mit Hilfe von Friedlaenders eine Wohnung organisiert hatte. »Ach Friedel, es geht aber über meine und Mete's Kräfte, und über kurz oder lang müssen wir zu andern Mitteln greifen.« Aus ihrem seltenen Lob wird ersichtlich, wie sehr Martha sich für ihren Vater verausgabt hatte: »Mete ist ein Engel und bitte ich Dich nach meinem Tode ihr diese Zeit zu vergelten.« (21. 7. 1892)

4.

Wie in Vorausahnung des Kommenden hatten Fontane und seine Frau schon zu Beginn des Jahres ihr Testament aufgesetzt. Alleinerbe würde der jeweils überlebende Teil sein, nach ihrer beider Tod sollte Martha, als einziges der Kinder unversorgt, sieben Neuntel des Barvermögens sowie die Hälfte aller aus Fontanes Werken anfallenden Tantiemen erhalten. Paul Meyer, der Bruder von Marie Sternheim, war ihnen als Jurist behilflich; gemeinsam mit Martha und dem literarischen Berater Paul Schlenther setzten die Eltern ihn als Nachlaßverwalter ein. Martha hatte des Vaters Schwäche unmittelbar vor Augen – was, wenn er nun stürbe? In einer Situation, in der alles auf des Messers Schneide stand, wird Emilie mit der Tochter über das Testament gesprochen haben – ihr mußte schwindeln vor Hilflosigkeit und Unglück.

Sobald er gesundheitlich wieder in der Lage war, besprach Fontane mit Friedel – der währenddessen Vater eines unehelichen Kindes geworden war – seine Sorgen. Es lägen noch unfertige und ungeordnete Arbeiten auf dem Schreibtisch, »und Mete will sich der Mühe unterziehen, Klarheit, Ordnung, Abrundung hineinzubringen. Möchte ihr das gelingen. Das würde alles in allem 12 000 Mark bedeuten, die nicht zu verachten sind, umso weniger, als mein Kranksein so viel Geld kostet. Missglückt es, nun so muß es auch so gehen, aber die armen Frauen (Mama und Mete) tun mir leid; denn ein Sparpfennig ist bald aufgezehrt.«[72]

Martha war »ganz herunter«. Mitte August schickte man sie zu Professor Veit, dem einzigen Arzt, der bisher überhaupt etwas erreicht hatte. »Möchtest Du Dich bald von den unerhörten Strapazen in Zillerthal erholen; Du hast es Dir durch Tapferkeit verdient. Wie mußt Du Dich nach heitren Eindrücken sehnen«, schrieb der Vater, als es ihm besserging. Dann erfuhr er, in Deyelsdorf sei die Cholera ausgebrochen und Marie Veit ziemlich elend. Natürlich könne sie jederzeit zurückkommen, meinte er – doch halt! – nein, Mama wolle sie nicht im Hause haben! Wenn sie nicht bei Veits bleiben könne, solle sie zu Wittes gehen. (24.8./1.9.1892) Wieder einmal fühlte sich Martha von der Mutter abgeschoben, um nicht zu sagen: abgelehnt. Sie hielt sich bis Ende September in Zansebuhr bei »ihrer Gräfin« auf. Weihnachten verbrachte sie bei den Eltern in Berlin. An eine Tätigkeit als Lehrerin scheint sie nicht mehr gedacht zu haben.

5.

Gerne wäre Martha auch 1893 wieder zu Margarete gereist, doch Zansebuhr blieb ihr verwehrt. Die unberechenbare Freundin war verschwunden, ohne eine Nachricht zu hinterlassen. Fontane fand auch hierfür ein gelungenes Scherzwort: »Daß die Gräfin sich über ihr Schweigen in Schweigen hüllt, ist das Klügste«, schrieb er Mete. (20.8.1893) Sie revanchierte sich für seine Briefe, die ein über den anderen Tag aus Karlsbad eintrafen, und schickte ein großes Paket mit Post und Geld, Kissen und einem Badetuch für die gichtgeplagte Mutter. Den Eltern ging es im böhmischen Kurort fast besser als ihr, Fontane hat den Tagesablauf auf seine Art beschrieben. »Frühstück bis 9 ½, dann Toilette, d. h. bei Mama, das alte Spitzenkleid wird angezogen, bei mir ein neuer Hemdkragen wird umgebunden. Handschuhzwang für die Männerwelt existiert nicht. Dann folgt das Diner: halbes Rebhuhn, hinterher eine Mehlspeise und ein Glas Pilsener. Von 2 bis 4 Stillsitzen in unserer Wohnung und Erörterung der lieben alten Fragen: ›wird es schwül bleiben oder wird es regnen ...‹ Nach endlicher Feststellung, daß das eine so gut möglich sei wie das andre, geht es um 4 zu Pupp, um Kaffee bez. Milch oder auch bloß Gieshübler zu trinken. Die Kellnerinnen kokettieren (freilich nicht mit mir), die Oblatenmädchen, Bälger von 10 oder 12 Jahren, überbieten noch die Kellnerinnen ...« (21.8.1893)

Am 31. Juli 1893 starb der gute Freund Friedrich Witte an Magenkrebs. Martha war sehr niedergeschlagen. Seine Großzügigkeit, seine Gastfreundschaft hatten ihr die Villa in Rostock zu einem zweiten Zuhause werden lassen. Sie fiel in eine schwere Nervenkrise und kehrte »in höchst elendem Zustande« nach Berlin zurück. Mutterseelenalleine saß sie in der Potsdamer Straße, während die Eltern »sehr angenehme Wochen« in Karlsbad verbrachten. Vermutlich war ihr erbärmlicher Zustand eine Folge der Überanstrengung während der Sorge um den schwerkranken Vater – es war die unmittelbar erfahrene Todesnähe, die sie in eine Krise stürzte. Professor Veit empfahl ihr den Nervenarzt Dr. Emanuel Mendel, Professor für Psychiatrie an der Berliner Universität, doch auch er konnte ihr nicht helfen, im Gegenteil, nachdem er ihre Erkrankung als schwere Depression bezeichnet hatte, verschlimmerten sich die Beängstigungen erheblich.

Martha hatte Angst vor der Zukunft. Wenn der Vater nicht mehr schreiben konnte, wovon sollte sie dann leben? Ihr Zuhause war immer ein Kartenhaus gewesen, aus beschriebenen Blättern mühsam errichtet. Ohne die »Extraeinnahmen« durch seine Bücher, hatte die Mutter zu Friedel gesagt, könnten sie in Berlin nicht existieren. Mete hatte es gehört, hatte die Misere unmittelbar vor Augen. Wo sollte sie bleiben? Eine alleinstehende Frau war nirgends willkommen, ein Glück noch, wenn sie Verwandte hatte, bei denen sie recht und schlecht unterschlüpfen konnte. Die einzige Lösung war eine von der Kirche unterhaltene Anstalt für ledige Jungfern. Martha erlitt einen Zusammenbruch. Friedel benachrichtigte die Eltern. Die Mutter zögerte, zeigte sich besorgt, reiste aber trotzdem nicht nach Hause, sondern fuhr zu ihrer Freundin Johanna nach Dresden. Es war der Vater, der kam.

Martha hatte seit Tagen nichts mehr gegessen und war »halb verhungert«. Fontane sorgte für sie. »Salomon war salomonisch«, meldete er seinem Freund Karl Zöllner, als es der Tochter besserging, »alles schlug an: eine Tasse Kaffee belebte sie, kalte Umschläge erfrischten sie, Porter nährte sie (sie war wie verhungert) – so daß sie Sonntag früh wieder anders in die Welt sah.« (2.10.1893)

Dann erfuhr Martha, daß sie Erbin geworden war. Der verstorbene Friedrich Witte hatte ihr 12 000 Mark ausgesetzt, welche ihr, die bisher zehn Mark Taschengeld erhielt, 600 Mark jährliche Zinsen einbringen würden. Das war eine Summe, von der sie gut leben konnte. »Sehr respektabel«, meinte Fontane zufrieden. »Ich glaube, daß sie noch mehr erbt, von zwei, vielleicht drei Seiten her.«[73] Tatsächlich bekam sie etwas aus dem Erbe der Stiftsdame von Rohr, außerdem hatte sie einen Lotteriegewinn. Sie befand sich seit Beginn des Jahres 1894 in Deyelsdorf, als Professor Dr. Gustav Veit für seine Verdienste in den erblichen Adelsstand erhoben wurde. Dort erfuhr sie, daß die Mutter gestürzt sei. Sofort bot sie ihre Hilfe an. »Mama wünscht«, antwortete der Vater am 29. Januar, sie möge ruhig in Deyelsdorf bleiben, »wo Du Rat, Pflege, Liebe, vor allem aber Wald und Luft und keine Klingelei hast.« Über Emilies Schmerzen ging er mit leichtem Spott hinweg. Sie sei auf dem Trottoir vor dem Opernhaus über einen dort ausgelegten Teppich gefallen, habe aber den Trost empfangen, »von einem gut aussehenden Offizier von 40 wieder aufgerichtet zu werden«. Im übrigen arbeite er an den Korrekturen eines Romans namens *Effi Briest*.

Pünktlich zu ihrem vierunddreißigsten Geburtstag im März war Mete zurück, und Fontane konnte sagen: »Unsere Tochter lebt mit uns und sorgt, soweit sie nicht durch Krankheit gehindert wird, für unsere Unterhaltung.«[74] Häuslich war Martha jedoch nicht, im Gegenteil, sie reiste weiter in der Welt umher. Im Juni besuchte sie mit Bruder Friedel ihre alte Freundin Lise, die von ihren vier Kindern Gertrud, Peter Friedrich, Anna und Martin umgeben war. Richard Mengel hatte die Pacht im mecklenburgischen Schwiggerow aufgegeben und das Rittergut Elsenau in der preußischen Provinz Posen erworben. Von dort fuhren die Geschwister über Owinsk, wo sie das herrliche Schloß der Treskows besichtigten, zu Medizinprofessor Veit nach Deyelsdorf, der seinen siebzigsten Geburtstag feierte. Für zwei volle Monate blieb Martha danach bei Margarete Wachtmeister, reiste von dort zu Anna Witte nach Rostock, wo es ihr gesundheitlich wieder miserabel ging, kehrte kurz nach Berlin zurück und strebte wieder fort. Mutter Emilie meldete ihrer Schwiegertochter: »Wir hoffen Mitte August fort zu können, zu welcher Zeit unsre Mete beabsichtigt, wieder ›auf ihre Güter‹ zu gehen.« (20.7.1894)[75] Die ironische Wortwahl der Mutter spricht für sich. »Auf ihre Güter« – war es das nicht immer gewesen, was die Tochter ersehnt hatte? Möglichst reich und möglichst aristokratisch wollte Martha bekanntlich leben. »Ich fühle, ich bin ein Luxus«, diese Einstellung hatte der Mutter noch nie gefallen.

Die Gattin des Schriftstellers

Fontane wußte sehr wohl, daß Emilie das Fundament seiner künstlerischen Existenz und für ihn schlichtweg unentbehrlich war. Sie nahm an allem Anteil, was ihn betraf, sowohl mit Blick auf sein Werk wie auf seine Person. Dennoch fand er immer etwas an ihr zu kritisieren. Als er die Ferien auf Norderney verbrachte, während sie sich über Einsamkeit beklagte, erwiderte er schnöde: »Du sprichst von unserer Vereinsamung. Ja, sie ist da; aber wir müssen sie für den Rest unseres Lebens tragen. Ein Haus machen können wir nicht, andren nachlaufen dazu sind wir zu alt, und auf neutralem Boden mit aller Welt sich treffen, dazu sind wir zu kritisch und zu verwöhnt.« (23.8.1883) »Mama könnte von mir lernen, wie man Einsamkeit, Stille, Langeweile menschenwürdig zu ertragen hat«, sie habe aber »in 40 Jahren Ehe« überhaupt nichts von ihm gelernt, damit wandte er sich in komischer Verzweiflung wieder an Tochter Mete. Oft waren Emilies Beschwerden über Langeweile oder mangelnde Geselligkeit allerdings derart massiv, daß er aufatmete, wenn sie zur Freundin Johanna nach Sachsen entschwand. »In der Mitte des Monats geht sie hoffentlich nach Blasewitz und läßt sich abpflegen; das bißchen Klagen und Unken wird so nebenher mit abgemacht und hat nicht viel zu bedeuten.« (30.8.1891) Schlimm wurde es dann, wenn keine Hilfe im Haus, Tilla krank und kein Dienstmädchen zu haben war. Er würde ihr gerne bei der Arbeit helfen, behauptete er, als er sie bei Bolle auf der Straße die Milch holen sah, »wenn sie nicht die schreckliche Eigenschaft hätte, schließlich immer mit m i r unzufrieden zu sein«, er könne das auf seine alten Tage nicht vertragen. »Sie hat keinen Humor, keine Widerstandskraft und kein Gefühl für Gerechtigkeit«, klagte er bei Mete.

»Sie glaubt sich benachteiligt, aber was habe i ch denn?« (8. 7. 1884) Nach Differenzen, die auch vor Gästen ausgetragen wurden, war es allerdings mit seinem Gleichmut vorbei, er verließ dann aufgebracht das Haus und blieb lange weg.[76]

Emilie war durch ihre Intelligenz und ihre Lebenskenntnisse bestens geeignet, die Schriften ihres Mannes zu beurteilen und zu kommentieren, eine Fähigkeit, die er zweifellos auch anerkannte. »Sie hat im Ganzen genommen ein sehr gutes literarisches Urteil und kann das Höhere und das Niedrigere ganz gut unterscheiden.« Ob er über Schinkels Architektur oder Menzels Malerei dozierte, Dramen rezensierte oder Unterhaltungen mit Ferienbekanntschaften repetierte, immer konnte er mit ihrem Verständnis rechnen. Wenn er seufzte, in der literarischen Welt weiterhin ein Unbekannter zu sein, war sie es, die ihn in seiner Arbeit bestärkte. Als sein Buch *Von, vor und nach der Reise* im Verlag von Sohn Friedel erschien, lautete seine erste Reaktion: »Kein Mensch kümmert sich darum.«[77] Er habe keinen Erfolg. »Ich meine nicht an Geld, nein, auch an Ehre, Namen, Anerkennung. Die wenigsten wissen, daß ich diese Sachen geschrieben habe. Dies Schicksal begleitet mich durch dreißig Jahre.« (15. 6. 1879) Fontane irrte sich. Man ehrte ihn mit Ordensverleihungen, verlieh ihm den Schillerpreis und ernannte ihn zum Ehrendoktor der Berliner Universität. »Man muß nur das Bewußtsein haben, sein Bestes getan zu haben, das andre ist gleichgültig«, lautete seine Maxime. (12. 6. 1884) In jedem Fall war es Emilie, die ihn nach seinen Klagen und Anklagen wieder aufrichtete.

Ihr Zusammensein hatte über die Jahre zu einer unerschütterlichen Verbundenheit geführt. Als der sechsundsechzigjährige Dichter treuherzig meinte, man müsse doch von Zeit zu Zeit mit den »Liebesanreden« wechseln und sie überraschend mit »Meine Teuerste!« ansprach, erwiderte Emilie belustigt: »Geliebtester! Du siehst, ich bin gelehrig.« (22. Juni 1885) Trotz der Vorwürfe, mit denen der Gatte nicht sparte, blieb sie letztlich unanfechtbar und über jede Kritik erhaben. Ihre eheliche Verbundenheit beruhte auf zwei festen Fundamenten: der bewährten literarischen Zusammenarbeit und einer unverbrüchlichen Liebe. »... ach Theo, wir sind noch wie vor 35 Jahren, und wenn wir uns, Du und ich, wenig geändert haben, so laß nun auch die Liebe, wie sie damals war, so fortdauern«, schrieb sie im Juni 1881. Er konnte sich vieles leisten, da sie ihm vieles verzieh.

2.

Das Verhältnis von Mutter und Tochter war weit weniger herzlich. Zwischen ihnen brodelte es, sobald sie längere Zeit zusammen waren. Das parteiische Verhalten des Vaters verstärkte den Zwiespalt noch. Emilies Klagen über das ewige Abschreiben kommentierte er mit den Worten: »Mama schreibt meinen letzten Aufsatz ab unter der bekannten Betrachtung: ›ist d a s ein Leben, ist d a s ein Pfingstfest‹. Ich lächle und finde es nicht so schlimm.« (3.6. 1881) Ihr Fleiß fand oft nicht die berechtigte Anerkennung des Autors. Als sie bei der Abschrift des *Stechlin* mehr als fünfhundert handschriftliche Seiten vor sich hatte, beklagte sich der Autor bei Mete: »Mama sitzt fest am Schreibtisch und packt Blatt auf Blatt; ich bewundre den Fleiß, aber nicht die Stimmung; sie leidet unter einer kolossalen Langenweile, deren Zutagetreten weder schmeichelhaft noch fördersam für mich ist.«[78] Während seiner Arbeit am *Scherenberg*-Aufsatz beschwerte er sich: »Mama unterhält wie gewöhnlich die Vorstellung, daß er n i e fertig wird.« (16.3.1884) Sie sei zwar nicht völlig humorlos, meinte er, »denn humorlose Menschen sind mir schrecklich«, doch sie sei »zu feinnervig und kritikvoll«. (24.6.1879) Emilie hatte es nicht leicht mit einem Ehemann, der sich bei seinem Freund Friedrich Witte mit folgenden

Worten beschwerte: »Auf der einen Seite sieht sie in mir einen voll-
kommenen Proletarier …, dann erwartet sie wieder eine Haltung
von mir, als wär ich aus einer unnatürlichen Kreuzung von Cato
mit Goethe hervorgegangen.« (15.1.1880)

Emilie war nicht bereit, Marthas Intelligenz anzuerkennen, und
äußerte bei jeder Gelegenheit ihre Vorbehalte gegen die allzu ge-
bildete Tochter. Ironisch schrieb sie: »Liebe Mete. Es ist sehr liebenswürdig, daß Pa mir die Beantwortung Deiner geistreichen
Sentenzen abnimmt.« (Juni 1889) Sie war der Meinung, Martha
könne keine richtigen Briefe schreiben und bringe nur »Ergüsse«
zustande. »Mama hat Dir das talent épistolaire abgesprochen.«
(25.6.1889) Das stieß auf energischen Widerspruch. Rechthabe-
risch, gereizt und impulsiv reagierte Martha auf die mütterlichen
Vorurteile. Schon während ihrer Zeit in Klein Dammer war die Un-
stimmigkeit zu spüren. Während der Vater jedes Schreiben liebevoll
und gewissenhaft beantwortete, kam es mit der Mutter zu unschö-
nen Auseinandersetzungen. Im Mai 1881 hatte Martha unmißverständlich ihrer Verärgerung Ausdruck verliehen. »Es scheint ebenso
schwer zu sein, Dir genehm zu schreiben, wie sich Deinen Wünschen gemäß mit Dir zu unterhalten; schweigt man, so beanstan-
dest Du das, ist man aber offen, so ist Dir auch das nicht recht, und
selbst wenn Du die Sache heute aufnimmst, wie sie gemeint ist,
hat man nicht die geringste Garantie, daß Du nicht morgen ent-
gegengesetzt darüber denkst.« Das Verhältnis hatte sich seither kaum
geändert, es war und blieb angespannt. Es gab noch einen wunden
Punkt. Obwohl die Mutter ihre enge Freundschaft zu Lise und der
ganzen Familie kannte, lehnte sie persönlich die Wittes ab. Das
mußte Martha verletzen, die ihr aus Klein Dammer schrieb: »…
ich hoffe, daß Du nach und nach auch noch die letzten Spuren einer
zeitweisen Abneigung gegen die von mir so geliebten Menschen
in Dir wirst schwinden fühlen.« (18.10.1880)

Es fällt auf, daß Emilie Fontane, abgesehen vom Geldstandpunkt, immer einverstanden war, wenn Martha verreisen wollte. Um sie nicht »auf dem Hals« zu haben, hat sie ihr nicht selten geradezu verboten, vorzeitig nach Hause zu kommen. Umgekehrt waren Marthas Briefe, solange sie bei Mandels oder Wittes lebte, voll Dank und Lob für die Mutter, die ihr Kleiderstoff und Geld schickte – sobald sie ihr aber gegenüberstand, war es mit der Herzlichkeit vorbei. Deutlich klingt aus Fontanes Bemühung, die Tochter von der mütterlichen Güte zu überzeugen, seine Skepsis. Als Martha ihre Berufstätigkeit plante, meinte er: »… Mama, die Dich sehr liebt (trotz Deiner gelegentlichen Zweifel daran) wird beinah gerührt darüber sein.« (13.9.1884)

Der rege Austausch des »Vielgeliebten« mit seiner Mete behagte der Mutter nicht. Es fällt auf, daß Fontane in mehreren Romanen die Mütter ausspart, wie in *Ellernklipp, Grete Minde, Frau Jenny Treibel* und im *Stechlin*. Um so stärker wird in diesen Werken die jeweilige Vater-Tochter-Beziehung betont. Der Dichter besaß ein gütiges und heiteres Naturell, die Mutter war streng und »schwarzseherisch«. Mete stand auf des Vaters Seite, als sie schrieb: »… ich empfinde im Gegensatz zu Dir, liebe Mama, alles Gute und Wohltuende unendlich viel intensiver wie das Trübe …« (19.2.1881) Ihre Huldigung – »Ich halte es für das schönste und beneidenswerteste Glück, Papa's Frau sein zu können« – vergaß man so leicht nicht; ihr, Emilie, wurde eine solche Ehrung nie zuteil.

Die mütterlichen »Stimmungen«, ihre ungerechten Vorwürfe und kritischen Ermahnungen, Bitterkeit und Härte führten bei Martha zu Aggressionen und vergällten das Zusammenleben. Bei ihrer »Ersatzmutter« Anna Witte, die in das schlechte Verhältnis eingeweiht war, hat Martha sich bitter beschwert. Die Fünfunddreißigjährige klagte Weihnachten 1895 über ihre unduldsame siebzigjährige Mutter: »Bei uns sieht es nicht schön aus, und zwar einzig und allein durch ›Mama's Stimmung‹«, sonst liege kein Grund zum Ärgern vor. »Wie schwer es ist, mit Mama und ihrer

Leber zu leben, davon machst Du dir gar keine Vorstellung. Ich kann mich kaum entsinnen, außer im Jahre 92, mich so unglücklich gefühlt zu haben. Und in dieser Verfassung, recht verheult, werde ich heute auf das Menzelfest gehen.« (8.12.1895) Je länger sie in der Vierzimmerwohnung beisammen waren, je häufiger gerieten Mutter und Tochter in Streit.

3.

In einer Hinsicht aber brauchte Emilie die Bevorzugung der Tochter nicht zu fürchten. Das Abschreiben der Texte war allein ihr überlassen, auf diesem Gebiet war sie unübertroffen. Sie war es, die die Fähigkeit erlernt hatte, aus Fontanes wild überschriebenen, durchgestrichenen, überklebten und oft fast unleserlich verbesserten Handschriften druckfähige Manuskripte zu erstellen. Man könnte sogar sagen, daß diese Tätigkeit ihr zu einem Beruf geworden war, daß sie das Korrigieren als eine Berufung ansah, die ihr unter den Damen ihres Bekanntenkreises eine Sonderstellung verlieh. Sie lebte »zwischen Selbstbehauptung und Anpassung«, schreibt Gotthard Erler.[79] Daß der weithin bekannte Dichter ihr für diese beachtliche Leistung hohes Lob zollte, war neben der Würdigung ein Erfolg, den sie allen anderen Frauen voraushatte. Mehr brauchte sie nicht, wie ein Brief an Clara Stockhausen beweist. »In diesen Tagen gibt man mir, als Frau des ›Schriftstellers‹, zwei Gesellschaften; ich graule mich davor, solche Ovationen machen mir gar keinen Eindruck. Eine ›zweite Auflage‹, und ich schenke jedem die schönen Redensarten.« (12.6.1878)[80]
Fontane versicherte den Freunden, Emilie habe alle seine von Korrekturen starrenden Manuskripte abgeschrieben, »meine dikken Kriegsbücher mit eingerechnet, gut vierzig Bände«. Bei dieser Arbeit war sie erfolgreich, es war ihre Form einer kontinuierlichen

Berufstätigkeit, die sie neben der Versorgung von vier Kindern, einem anspruchsvollen Ehemann und einem Haushalt mit vielen Gästen leistete. Daher fand sie es auch überflüssig, das zu ihrer Zeit propagierte Frauenwahlrecht zu unterstützen – sie war längst zu einer selbstbewußten Position gelangt.

Tochter Mete hatte diese Aufgabe nicht und weigerte sich auch, sie zu übernehmen. Ein einziges Mal waren Mutter und Tochter gemeinsam bei der Abschrift eines Buches tätig zu einem Zeitpunkt, da Fontane auf den Tod krank war und der Arzt ihm empfohlen hatte, seine Erinnerungen aufzuschreiben, sie würden ihn ins Leben zurückholen. Das Buch *Meine Kinderjahre* entstand und wurde von Mutter und Tochter in gemeinsamer Arbeit abgeschrieben.

4.

Zehn Jahre war es her, daß Martha die reiche Mrs. Dooly aus San Francisco und ihre Tochter durch Italien begleitet hatte. Anna Witte wußte davon, kein Wunder, daß die Sechzigjährige, die sich zur Erholung nach Italien begeben wollte, Martha um Begleitung bat, zumal die eigenen Töchter verheiratet und nicht abkömmlich waren. Am 16. März 1895 bestiegen die Damen den Zug und fuhren über München nach Bozen in Südtirol, wo Martha ihren fünfunddreißigsten Geburtstag beging. Weiter ging die Reise nach Meran, an den Ort, an dem die Kaiserin Elisabeth (Sissi) von Österreich mehrfach im hochgelegenen Schloß Trautmannsdorf zu Besuch gewesen war; man konnte dort noch ihren Sonnenschirm, die Koffer und ihre kostbaren Toilettenutensilien bestaunen. Die kaiserliche Anwesenheit der schönen Frau hatte der Stadt Meran zu einem bleibenden Renommée verholfen. Man blieb dort bis Anfang Mai, spazierte ins Passeier Tal, nahm medizinische Anwendungen und genoß die kulturellen Ereignisse. Ein Foto zeigt Fräulein Fontane neben der im Sessel sitzenden Anna Witte. Das Gesicht der fünfunddreißigjährigen Martha gibt keinen Hinweis darauf, ob sie sich in ihrer Rolle wohl fühlte oder nicht.

Des Vaters Briefe erreichten Mete auch in Meran. Er berichtete über die Feier zu Bismarcks 80. Geburtstag und einen Theaterbesuch, den er mit Architekt Fritsch unternommen habe. (1. 4. 1895) Das nur als Fußnote, noch nicht ahnend, welche Rolle besagter Herr Fritsch in seinem Leben noch spielen würde. Anna Witte und ihre Begleiterin traten die Rückfahrt an, wobei sie die Reise in Frankfurt am Main unterbrachen: Martha wollte Julius Stockhausen wiedersehen. An der Seite von »Tante Anna« traf sie den Mann, in den sie einmal sterblich verliebt gewesen war. Die Veränderung war erschreckend. Der siebzigjährige Sänger litt an schwerem Rheuma, welches die Knie lähmte und ihn in den Rollstuhl zwang. Wenn Martha an ihren sechs Jahre älteren Vater dachte, konnte sie mit »Papa« zufrieden sein.[81] Der Dichter hatte ihr seine Anerkennung über Sohn Friedel mitgeteilt. Ihm hatte der Vater bisher am wenigsten zugetraut, er war entsetzt gewesen, als ausgerechnet dieser Leichtfuß einen eigenen Verlag gründen wollte; ein großer Familienkrach war das Ergebnis. Doch vom Widerstand des Vaters unbeeindruckt, betrieb Friedel den Verlag F. Fontane & Co. mit großem Geschick, und Fontane erlebte, wie nicht nur seine neuen Werke, sondern auch die früheren dort hohe Auflagen erzielten.[82]

Trotz dieser Erfolge kam es zu einem in der Familie sonst nie dagewesenen Auftritt: es ging um Friedels Verlobte. Im Gegensatz zu Theo, der mit preußischem Pflichtgefühl und pedantischem Fleiß seine Karriere gesichert und eine akzeptable Person geheiratet hatte, hatte Friedel Liebschaften und Affären. Eines Tages brachte er seine Braut Frieda Lehmann mit nach Hause. Die Eltern waren fassungslos. »Meine liebe Mete. Wir haben merkwürdige 24 Stunden hinter uns. Die Braut war gestern in ponceaurotem Kleid und weißen Aufschlägen bei uns zu Tisch, gesprächig, frank und frei wie immer.« Vier Stunden lang gab es »ein sehr wiederholungsreiches Gespräch mit Mama«. Das Ergebnis: »es geht nicht; wir können nicht mit; Bourgeois-Größenwahn, die herkömmliche Berliner Sechsdreierverwechslung mit Astor oder Mackay... Erklärung, daß ein Verkehr unmöglich sei. Daraufhin Rohrpost-Brief an Friedel und um sein Erscheinen gebeten. 11 ½ trat er an...« Die Unterredung endete mit dem Resultat: »Wir haben gar nichts gegen sie – sie paßt nur nicht zu uns.« (25.1. 1897) Friedel blieb bei den elterlichen Vorhaltungen erstaunlich ruhig, »sah alles ein, gab alles zu«, verabschiedete sich und heiratete Fräulein Frieda. Nach weniger als zwei Jahren war er wieder geschieden.

Ein ernstes Lebensglück

1.

In einem bemerkenswerten Ton der Begeisterung berichtete Martha ihren in Karlsbad weilenden Eltern »von liebenswürdigen, beinah wohlwollenden Menschen«, bei denen sie einen schönen Abend verbracht habe. Sie war ebenso von den Gastgebern wie von ihrem neumodischen Haus angetan – die Rede war von Karl Emil Otto Fritsch und seiner gastfreundlichen Frau Anna. Fontane kannte den Architekten und reagierte unerwartet kritisch, ja fast abweisend auf Metes überschwenglichen Bericht. Er konnte ihren Hang zu Wohlleben und Luxus nicht leiden. »Ach, Geld, Geld, und Portieren und elektrisches Licht und eine Renommir=Excellenz, – was kommt dabei heraus?« antwortete er schroff. »Von gesunden Eltern geboren sein und dann arm sein und sich nach Neigung verheiraten und guten Verstand und gute Gesinnung haben, – das ist das Einzige, was einen Wert hat.« (19.6.1896)

Wie Fontane wußte, war Professor Fritsch ein wohlhabender und weitgereister Mann, Begründer einer Bauzeitung und prominenter Verfasser der Reihe »Berlin und seine Bauten«. Mit seiner hohen Stirn, dem dunklen Haar und dem dichten Vollbart konnte er Martha an ihre erste Liebe, Julius Stockhausen, erinnern. Der Architekt war nach dem Tod seiner geliebten Frau Klara eine zweite Ehe mit deren Halbschwester Anna eingegangen, die, bedeutend jünger als er, mit ihrem leichtlebigen Temperament nicht recht zu ihm paßte. Für Fontane, der die schöne Anna als seine Gönnerin bezeichnete, weil sie ihn und seine Werke charmant zu würdigen verstand, wurde sie das Muster der lustigen Käthe von Sellenthin in *Irrungen, Wirrungen*. Nach Marthas Besuch im Hause Fritsch machte er zum erstenmal die Bemerkung, daß es auch von Vorteil sein könne, nicht verheiratet zu sein. Solche Töne hatte man bisher von ihm noch nicht gehört. (11.7.1896)

Während der Karlsbader Kur war Fontane mit seinem großen Projekt, dem Roman *Der Stechlin,* beschäftigt. Dem Herausgeber der *Vossischen Zeitung,* Carl Robert Lessing, teilte er mit: »Im Winter habe ich einen politischen Roman geschrieben (Gegenüberstellung von Adel, wie er bei uns sein s o l l t e und wie er i s t.) Dieser Roman heißt: ›Der Stechlin‹. Es ist dies der ganz in Nähe von Meseberg gelegene See, den Ihr Herr Sohn gewiß kennt und Sie vielleicht auch. Um diesen See handelt es sich, trotzdem er nur zu Anfang und Ende mit etwa 5 Zeilen vorkommt. Er ist das Leitmotiv.« (8.6.1896) *Der Stechlin* erschien von Oktober 1897 bis Februar 1898 in der Zeitschrift *Über Land und Meer,* anschließend kam im Verlag von Friedrich Fontane die Buchausgabe heraus. Der bald achtzigjährige Autor schildert im *Stechlin* mit Selbstironie und einer guten Portion Skepsis den alten und einsamen Dubslav von Stechlin als einen lebensklugen Mann mit souveräner Heiterkeit. Vor Jahren hatte der Autor seine Tochter eine »Melusine« genannt, eine Meerfee. In diesem letzten Werk gab er einer herausragenden Frauengestalt des Romans tatsächlich den Namen Melusine. Sie ist mit über dreißig Jahren nicht mehr ganz jung und schon geschieden, trägt jedoch den angeborenen Namen und lebt bei ihrem Vater. Eigenwillig und humorvoll, schlagfertig und klug, Männern gegenüber von unabhängiger Denk- und Wortgewandtheit, könnte sie in Martha ihr Vorbild gefunden haben. »Das ist eine Dame und ein Frauenzimmer dazu«, meint im Roman der von ihr bezauberte alte Stechlin. Der Verlag kündigte Fontanes Werk mit dem Hinweis an, er sei »die Summe seiner Erfahrung«. Sohn Theo bemerkte: »Gutmütig war er eigentlich nicht, dazu war er zu kritisch, wohl aber besaß er namentlich an seinem Lebensabend die mildabgeklärte Güte des alten Stechlin. Das richtige Wort für diese Seite seines Charakters wäre wohl: Verbindlichkeit. Aus seinem verbindlichen Wesen heraus war er ein überaus artiger, liebenswürdiger Mensch.«[83]

Jungverleger Friedel konnte dem Schriftstellervater gute Nachrichten überbringen: die Verkaufszahlen von *Frau Jenny Treibel* seien beachtlich. Schon Ende 1892 hatte der Roman die dritte Auflage erreicht, was auch der Besprechung von Paul Schlenther zu verdanken war. Mit ihm blieb Martha in dauerhaftem Kontakt. Sie organisierte die Tagesfahrten des Clubs der »Zwanglosen«, die sie mit Schlenther in kleinen Briefen nicht ohne erotische Zwischentöne besprach. Sie gab im Juni 1896 ein Essen für ihn und die Brüder in der Potsdamer Straße, erkundete im Autorenlexikon seinen Geburtstag, machte ihm »kleine Geschenke«, empfahl eine Kremser- oder Dampferfahrt, nannte eine Rotweinsorte, wußte einen »schattigen Weg« und empfahl »für Gefühlsmenschen wie Fontanes« einen Ausflug nach Hohenzieritz zu jenem Schloß, in dem die Königin Luise starb. »Können S i e nicht unter allen Umständen statt der öden Vorort-Bummelei mit dem Schnellzug morgens 8.40 fahren? Wir hätten Sie dann doch einen halben Tag für uns.« Sie freue sich auf alle, »auf wen am meisten, wird Ihr Scharfsinn vielleicht erraten. Stets Ihre Corinna«. (Juni 1897) Sonst unterschrieb sie mit »Martha Fontane«, dem Namen, der durch den Vater in aller Welt bekannt sei und inzwischen »für recht aristokratisch und vornehm angesehen« werde. (13.9.1881)

2.

Im Sommer 1895 heiratete die fünfundzwanzigjährige Annie Fritsch, Tochter des Architekten Fritsch aus seiner ersten Ehe, den fast doppelt so alten Generalleutnant Wilhelm Scheller. Alle drei Fontanes waren eingeladen. Schon zu diesem Zeitpunkt war offenbar bekannt, daß Fritschs schöne Ehefrau Anna einen Liebhaber hatte und sich von ihrem Mann trennen wollte. Bevor es jedoch zur Scheidung kam, erkrankte sie an Krebs; im November 1897 starb sie. Am 30. Dezember besuchte der Witwer den Schriftsteller Theodor Fontane, um ihm zum achtundsiebzigsten Geburtstag zu gratulieren. Am Beginn des neuen Jahres wiederholte er seinen Besuch. Bald danach teilte Martha den überraschten Eltern ihren Entschluß mit: sie habe sich mit dem zweimaligen Witwer Karl Fritsch verlobt. Martha war siebenunddreißig Jahre alt, ihr Bräutigam zweiundzwanzig Jahre älter.

Auf große Zustimmung scheint sie – zumindest bei der Mutter – nicht gestoßen zu sein. Die Schriftstellerin Clara Viebig berichtete Jahre später von tragischen Szenen, die sich im Hause des Dichters auf die Nachricht von der Verlobung hin abgespielt hätten: Emilie sei »der Länge nach im Zimmer hinschlagend« in Ohnmacht gefallen, der Vater »schloß sich tagelang in seinem Arbeitszimmer ein, verweigerte fast jede Nahrung und sprach kein Wort«. Dieser Darstellung widersprechen die erhalten gebliebenen Briefe Emilies über die Verlobung – sie besagen das Gegenteil.[84] Emilie störte sich an der überschnellen Bekanntgabe der Beziehung. Man hätte wenigstens das Trauerjahr abwarten müssen, zürnte sie. Ihr war daran gelegen, die gesellschaftlichen Gepflogenheiten zu wahren. »Es geschehen Zeichen und Wunder«, meldete Fontane Anna Witte, mit der er oft über Metes unglücklichen Zustand gesprochen hatte. »Es hat sich nämlich Großes zugetragen, ja, vom egoistischen Standpunkte das Größte und in mancher Augen sogar das Unglaublichste: Martha hat sich verlobt.« Fritsch sei ein kluger Mann »und sogar guter Kasse, was mir persönlich nicht viel bedeutet, aber den Mann wenigstens nicht entwertet«.[85] Die geschickten Worte erweisen sein Einverständnis. Im März gratulierte er Martha, die ihren achtunddreißigsten Geburtstag bei Lise Mengel auf Gut Elsenau beging, mit der Bemerkung, Herr Fritsch wisse sicher schmeichelhaftere Worte als er. »Liebe macht dichterisch und genial.« Glücklich teilte Fritsch seinen Verwandten mit, nicht nur die gleichen Lebensanschauungen hätten ihn zum Heiratsantrag bewogen; er gestehe auch trotz seines Alters, daß »auf b e i d e n Seiten das Herz im Spiele ist«. Da Fritsch der Vater von Tochter Annie war, erklärte Martha scherzhaft, sie werde nun »Mutter«.

Soweit es Professor Fritsch betraf, hat er in den siebzehn Jahren, die seine Ehe mit Martha Fontane währte, durch Reisen und Immobilienkäufe, Briefe und Verse viele Liebesbeweise für seine Frau erbracht. Er war ein großzügiger, um Marthas Wohl besorgter Ehemann. Vorläufig ging er zur Kur, während seine Verlobte mit den Eltern nach Karlsbad und Dresden reiste, um jedes Aufsehen zu vermeiden und Berlin vorerst fernzubleiben. Ausgerechnet Paula Schlenther war die erste, die ihr mit einer Myrte gratulierte. Martha antwortete: »Papa ist erholt und frisch; er billigt die Verlobung hochgradig.« Dazu eine erotische Anspielung auf Paul Schlenther, der im Begriff stand, Berlin zu verlassen. »Sagen Sie Ihrem Mann, daß ich mich über seinen Fortgang hätte trösten müssen.«

Mutter Emilie war abwesend. Sie befand sich bei Johanna Treutler in Dresden-Blasewitz, wo sie auch dann noch blieb, als die einzige Tochter zur Feier ihrer Verlobung Freunde in die Potsdamer Straße bat. Am 16. September 1898 saß man am festlichen Tisch, darunter auch Paul Schlenther, der als neuer Direktor des Burgtheaters nach Wien berufen war. Später berichtete er: »Zur Feier der ihm geistesverwandten einzigen Tochter war ein kleines, feines Essen bereitet worden. Nur neun Personen. Der Alte in seiner herrlichen, lieben Greisesschönheit Mittelpunkt und Seele der Unterhaltung.« Fontane hat den Abend ein »Zauberfest« genannt. Vater und Tochter waren sich nahe, vielleicht nie so sehr als jetzt, da der Abschied bevorstand.

Am 18. September unternahm Martha mit ihrem Verlobten eine Fahrt nach Potsdam. Mit von der Partie war die fünfzehnjährige Gertrud Mengel, ihr Patenkind, die Fontane poetisch eine »Menschheitsblüte« nannte. »Sie ist eine der entzückendsten Erscheinungen, die ich in meinem ganzen Leben gesehen habe«, schrieb er an Emilie. (18.9.1898) Am 19. September wurden zu einem zweiten Verlobungsessen auch die Brüder eingeladen, die sich vermutlich freuten, ihre Schwester gut versorgt zu wissen. Der sechzigjährige Bräutigam war ein reicher Mann, der Martha alle Wünsche erfüllen konnte. Eine Villa in Berlin-Schöneberg stand schon zum Einzug bereit.

3.

Vater und Tochter waren wieder allein, wie sie schon oft zusammen allein gewesen waren. Es war der 20. September 1898. Mete lief in der Wohnung umher, in Gedanken mit der Hochzeit beschäftigt, deren Termin schon feststand: im Dezember. Fontane wirkte zufrieden. Er wußte, daß er sich mit seinem Werk durchgesetzt hatte. Seine Balladen standen in jedem Schulbuch, die Vertonung von *Archibald Douglas* durfte bei keinem Konzert mehr fehlen, die fünfte Auflage seiner *Gedichte* erschien, der Roman *Effi Briest* – von Schlenther in der *Vossischen* vorzüglich besprochen – erzielte ebenfalls eine neue Auflage. *Der Stechlin* war schon vor Erscheinen überzeichnet, wie Friedel freudig verkündet hatte. Das alles erfüllte ihn mit nicht geringem Stolz. Seiner Frau, die noch immer nicht zurückgekehrt war, schrieb er: »Dies sind nun also die letzten Zeilen; übermorgen Mittag dürfen wir Dich erwarten.« Nach dem Mittagessen, bei dem es nach einer Kartoffelsuppe Hammelrippchen mit Petersilienkartoffeln, zum Nachtisch Grießpudding gab, trank Fontane mit Mete das übliche »Täßchen Kaffee«, als unerwartet Friedel vorbeikam, um sich nach dem *Stechlin* zu erkundigen; Fontane hatte bis jetzt an den Korrekturfahnen gebessert und gefeilt. Der Roman endet mit der Heirat von Woldemar von

Stechlin mit Armgard von Barby, zu deren Vermählung auch der alte Vater reist. Er zieht sich dabei eine schwere Erkältung zu und stirbt, nachdem er sich vom Glück des jungen Paares überzeugt hat.

Gegen sieben nahm Fontane mit Mete ein kleines Abendbrot ein. Beide genossen das Zusammensein und die Ruhe, die sie umgab. Man brauchte auf keinen Gast Rücksicht zu nehmen, niemand würde mehr kommen. Fontane war froh über Metes Anwesenheit. Sie war in der Tat zu einem »Luxus« geworden, sein »Verzug«, wie Mathilde von Rohr einst sagte, eine liebevolle Verbündete und erzählfreudige Scheherazade, die ihn uneingeschränkt bewunderte. Wie sehr sie Vaters Tochter war, wird an ihrer Antwort auf die Frage deutlich, welche Qualitäten sie bei einem Mann am meisten schätze. »Enthusiasmus für seinen Beruf. Humor. Anständige Gesinnung«, lautete ihre Antwort.[86] Das waren die Eigenschaften, die den Dichter Fontane auszeichneten.

Abends saßen Vater und Tochter noch lesend beisammen. Fontane, der in letzter Zeit über Müdigkeit geklagt und von seinen »34 Pulsschlägen« gesprochen hatte, studierte die *Deutsche Rundschau* und trug ihr allerlei daraus vor. Dann ging er in sein Schlafzimmer hinüber, um etwas zu holen, sank auf sein Bett und starb. Er, der sie so lange aufgerichtet und getröstet hatte, verabschiedete sich in dem Augenblick, als ein anderer Mann seine Rolle übernahm. »Um 9 Uhr fand ich ihn über seinem Bette liegend«, schrieb Martha dem Schriftstellerfreund Paul Heyse, »und 3 Minuten vorher hatte er mir anläßlich eines Artikels in der *Rundschau* auseinandergesetzt, daß durch Spinoza und Kant die Philosophie auf falschen Füßen stehe. Er war heiter und ohne jede Vorahnung seines Endes.«

Sie selber, fuhr sie fort, sei im Begriff, sich zu verheiraten, »einen Mann, der weiß, was Papa war, und der mir helfen will und soll zu lernen, noch einer anderen Generation anzugehören. Es ist der Herausgeber der Deutschen Bau-Zeitung, Architekt Fritsch, für die Welt ein sehr angesehener, wohlhabender Mann, für mich ein spätes, ernstes Lebensglück. Ich muß nun umlernen, und meine wundervolle Tochterschaft ist vorbei.«(26.9.1898) Den Begriff »Tochterschaft« hat sie eigens für sich geprägt; es war ihr Ausdruck für eine Berufung, die sie jedem Beruf vorgezogen hatte.

4.

Nicht Martha war es nun, die bei Friedel einzog, sondern Mutter Emilie. »Welch Glück, daß Martha nun einem anderen Leben entgegengeht, wie tausendmal härter würde sie sonst das Aufhören des gemeinsamen Lebens mit ihrem Vater empfinden«, schrieb Lise Mengel ihrer Mutter Anna Witte. (26.9.1898) Das seit dem 4. Januar 1899 verheiratete Paar trat nacheinander zwei »Hochzeitsreisen« an. Sie fuhren erst in den Norden, bereisten im März Italien, bezogen dann ihre komfortable Wohnung in Berlin-Schöneberg, wo der Architekt seiner Tätigkeit als Herausgeber der Bauzeitschrift und Verfasser sachbezogener Artikel weiterhin nachging, während Fontanes Tochter sich ohne Aufgabe, ohne die gewohnten Gespräche mit dem Vater und sein anregendes »Geplauder« eher langweilte. Fritsch erfüllte ihr daraufhin den Wunsch, einen ländlichen Besitz außerhalb Berlins zu erwerben. Man wählte in Waren am Müritzsee, wo Martha zuletzt mit den Eltern gewesen war, eine große Villa, die in der folgenden Zeit zum Anziehungspunkt für viele Freunde wurde. Zahlreich sind die Namen der Verwandten und Gäste, die sich dort einfanden: Margarete Wachtmeister und Ehepaar Veit, Anna Witte und Lise Mengel, Paul Schlenther und Johanna Treutler sind im Gästebuch vertreten.[87]

Emilie Fontane starb im Februar 1902. Sie hatte noch erfahren müssen, daß es unter ihren Kindern Streit um Fontanes Nachlaß gab. Marthas ganzes Interesse galt der Korrespondenz ihres Vaters, die zur Veröffentlichung gesichtet, genehmigt oder aussortiert werden mußte. Der enorme Umfang der Briefe machte eine Auswahl erforderlich, auch Kürzungen und Streichungen »aus Diskretionsgründen« wurden vorgenommen, woran sich außer Martha auch die noch von Fontane selbst eingesetzte Nachlaßkommission beteiligte.[88] Im Jahre 1905 erschien als erstes der Band »Familienbriefe« – herausgegeben nicht von Martha, sondern von ihrem Ehemann. 1910 wurde ein weiterer Band veröffentlicht, der Thomas Mann begeisterte.

Daß Martha als Ehefrau nicht einfach sein würde, hatte Mutter Emilie schon vorausgesehen. Inmitten des finanziell unbeschwerten und angenehmen Lebens, das der Gatte ihr zu bieten bereit war, blieb sie weiterhin psychosomatischen Störungen ausgesetzt und litt unter den schon vom Vater belächelten »Nervenübeln«. Mit Morphium und übergroßen Mengen Alkohol versuchte sie die Ängste zu betäuben, schon früher hatte sie sich in einer scherzhaften Wendung als »Flaschenkind« bezeichnet.[89] Ein Jahr nach dem Erwerb der Warener Villa erlitt sie einen Zusammenbruch und wurde in das heute noch existierende Hubertus-Krankenhaus in Berlin-Zehlendorf gebracht. Ehemann Fritsch nannte die Krankheit schließlich offen bei dem Namen, den auch früher schon die Ärzte verwendet hatten: schwere Depressionen. Vielleicht trugen jetzt auch die unerfreulichen Erbstreitigkeiten um den väterlichen Nachlaß dazu bei, die drei Jahre lang zwischen den Geschwistern Fontane zum Unfrieden führten. Als Architekt Fritsch seine beruflichen Tätigkeiten aufgab, zog er mit seiner kränklichen Frau zurück nach Berlin; man behielt in Waren nur das Sommerhaus bei; die große Villa, der Hund, die Sammlungen wurden aufgegeben.

Die Fotos des Paares mit Stieftochter Annie Scheller und deren Töchterchen zeigen die Veränderung, die inzwischen mit Martha vorgegangen war. Statt der schlanken Gestalt erblickt man eine korpulent gewordene Frau mit der üppigen Hochsteckfrisur und standesgemäßen Kleidung einer stattlichen Matrone um die Jahrhundertwende. Das Paar bewohnte inzwischen eine ruhige Gegend im Grunewald, doch auch hier blieb sie so nervös und kränkelnd, daß sie nicht einmal zur Enthüllung des Fontane-Denkmals im Juni 1907 nach Neuruppin reisen konnte.[90]

Ehemann Fritsch litt seit 1911 und mit zunehmendem Alter immer heftiger an schmerzhafter Gicht, ging an Stöcken und mußte von Martha gepflegt werden, bis sie eine Krankenschwester ins Haus nahm. Als er mitten im Ersten Weltkrieg 1915 mit siebenundsiebzig Jahren starb, war es die Freundin aus Berliner Kindertagen, die gute Marie Schreiner, die sich um die alte Jugendgefährtin sorgte. An Paul Schlenther schrieb Martha: »Mir selbst geht es leider sehr schlecht, und ich zittre manchmal, ob ich mich halten werde.«[91] Im Jahre 1916 erfuhr sie von seiner Frau Paula, daß er an Krebs gestorben war. Damit verlor sie den letzten Freund, an den sie sich bislang hatte wenden können. Ihre Freundinnen Marie Veit und Lise Mengel waren Witwen und kränkelten; Gut Elsenau wurde verkauft, »Tante« Anna Witte lebte schon seit Jahren nicht mehr, sie war, wie ihr Schwiegersohn Richard Mengel, 1910 gestorben.

Martha Fritsch saß schließlich allein und vereinsamt in ihrem großen, kalten Haus in Waren. Im eisigen Winter des dritten Kriegsjahres 1917 war der Brief, den sie ihrer Stieftochter Annie schrieb, ebenso eisig wie das Wetter, anklagend und vorwurfsvoll.[92] Lange Jahre war die Beziehung der beiden Frauen überaus freundschaftlich gewesen. Doch das Blatt hatte sich gewendet, Martha fühlte sich auch von Annie, die sie hatte trösten wollen, mißverstanden und verkannt. Obwohl durch Fritschs Vermögen finanziell gut ausgestattet, hatte sie panische Angst, eines Tages die hohen Arztrechnungen nicht mehr bezahlen zu können. Niemand wisse, wie sehr sie leide, was in ihr vorgehe, schrieb sie der Stieftochter, sie habe eine

Qual von vierzehn Monaten hinter sich, nichts als Undank habe sie erfahren. »Ich soll Klavier spielen – in einem kalten Zimmer auf einem verstimmten Klavier ohne Licht mit zitternden Gliedern.«[93] Wie hatte sie seinerzeit dem Vater geklagt? »Ich bin nicht unzufrieden … aber ich habe das Gefühl eines Menschen, der Klavier spielen kann, aber kein Klavier hat.« Mißverständnisse und feindseliges Schweigen verbitterten ihr das Dasein. Es war ihre Tragik, nicht das geworden zu sein, wozu sie so reich veranlagt war.

Ihre Stieftochter Annie Scheller, selbst schon Witwe, hatte das anklagende Schreiben nicht beantwortet. Elend und deprimiert, vom Krieg gebeutelt und aufs Äußerste erschöpft, fand Martha Elisabeth Fritsch, geborene Fontane, im Januar 1917, sechsundfünfzig Jahre alt, durch einen Sturz aus dem Fenster ein trauriges Ende. Niemand war bei ihr gewesen, mit dem sie hätte sprechen können, keiner, der ihre Unruhe beschwichtigt, sie im Kummer getröstet, ihre freudlose Einsamkeit erheitert hätte. Sie hatte das Glück gekannt, »aus einem Paar Augen Gutes und Freundliches lesen zu können« – er fehlte, dessen Güte und Hinwendung sie an jedem Ort gespürt, dessen Ratschläge und souveräne Heiterkeit sie aufrechtgehalten hatten. »Meine liebe Mete. Du weißt – und warum solltest Du's nicht wissen – daß Du Herz und Verstand auf dem rechten Fleck hast …« Als sie seine Briefe zum Druck vorbereitete, hatte sie das alles noch einmal gelesen, hatte ihn vor sich gesehen am großen Schreibtisch, wie er beim Schein der grünen Lampe in seiner unvergleichlich schönen, geschwungenen Handschrift, die kein Drucker wiedergeben konnte, seine Briefe schrieb. »Meine geliebte Mete. Du hast schon ein gut Stück im Leben geleistet … Wenn ich daheim bin, hoffe ich ausführlicher von Dir zu hören. Dein alter Papa.«

Literatur

Häufig zitierte Literatur

Theodor Fontane und Martha Fontane, Ein Familienbriefnetz, hg. von Regina Dieterle (Schriften der Theodor Fontane Gesellschaft, Bd. 4, hg. von Luise Berg-Ehlers, Helmuth Nürnberger und Henry H. Remak), Berlin/New York 2002. *Wird im Text mit Datum in Klammern zitiert.*

Dieterle, Regina, Die Tochter. Das Leben der Martha Fontane, München 2006

Emilie und Theodor Fontane, Der Ehebriefwechsel 1873-1898, hg. von Gotthard Erler unter Mitarbeit von Therese Erler. Große Brandenburger Ausgabe, Bde. I-III, Berlin 1998. *Hier zitiert mit Datum.*

»Erschrecken Sie nicht, ich bin es selbst.« Erinnerungen an Theodor Fontane, hg. von Wolfgang Rasch und Christine Hehle, Berlin 2006

Fontane, Theodor, Romane und Erzählungen in acht Bänden, hg. von Peter Goldammer, Gotthard Erler, Anita Golz und Jürgen Jahn, Berlin/Weimar 1969. *Zitiert mit Romantitel und Seitenzahl.*

Fontane, Mete, Briefe an die Eltern 1880-1882, hg. von Edgar R. Rosen, Frankfurt a. M./Wien 1974. *Zitiert als: Rosen, mit Seitenzahl.*

Fontanes Briefe in zwei Bänden, ausgewählt und erläutert von Gotthard Erler, hg. von den Nationalen Forschungs- und Gedenkstätten der klassischen deutschen Literatur in Weimar, Berlin 1968

Andere Werke von Theodor Fontane

Theodor Fontane, Autobiographische Schriften, hg. von Gotthard Erler, Peter Goldammer und Joachim Krueger, Bde. I-III, Berlin/Weimar ²1982

Theodor Fontane, Briefe an Anna Fritsch-Köhne und K. E. O. Fritsch, mit Briefen von Martha und Emilie Fontane. Martha-Fritsch-Fontane zum 150. Geburtstag am 21. März 2010. Hg. von Regina Dieterle, in: Fontane Blätter 89/2010, S. 18-68

Theodor Fontane, Briefe an Georg Friedlaender, hg. und erl. von Kurt Schreinert, Heidelberg 1954

Theodor Fontane, Briefe an seine Familie, hg. von K. E. O. Fritsch, 2 Bde., Verlag F. Fontane & Co. Berlin 1905

Theodor Fontane, Briefe an die Tochter und an die Schwester, hg. von Kurt Schreinert, zu Ende geführt u. mit einem Nachwort versehen von Charlotte Jolles, Berlin 1969

Theodor Fontane, Große Brandenburger Ausgabe. Begründet und hg. von Gotthard Erler, ab 2014 hg. von Gabriele Radecke und Heinrich Detering, Berlin 1994 ff.

Theodor Fontane, Romane und Erzählungen in acht Bänden, hg. von Peter Goldammer, Gotthard Erler, Anita Golz und Jürgen Jahn, Berlin/Weimar 1969

Theodor Fontane, Sie hatte nur Liebe und Güte für mich. Briefe an Mathilde von Rohr, hg. von Gotthard Erler, Berlin 2000

Theodor Fontane, Tagebücher, hg. von Charlotte Jolles und Gotthard Erler, unter Mitarbeit von Rudolf Muhs und Therese Erler, 2 Bde., Berlin 1994 (Große Brandenburger Ausgabe des Aufbau-Verlags)

Theodor Fontane, Werke, Schriften und Briefe, hg. von Walter Keitel und Helmuth Nürnberger, München 1962 ff.

Weitere Literatur

Arnold, Heinz, Theodor Fontane, München 1989

Barthélemy Rouanet, Jean Pierre, Von Toulouse bis Beeskow, Lebenserinnerungen, hg. von Martha Fritsch-Fontane u. K. E. O. Fritsch, Berlin 1904

Becker, Sabina und Sascha Kiefer, Weiber weiblich, Männer männlich? Zum Geschlechterdiskurs in Theodor Fontanes Romanen, Tübingen 2005

Beintmann, Cord, Theodor Fontane, München 1998

Berbig, Roland und Josephine Kitzbichler, Fontane-Chronik, München 2006/2010

Brügmann, Elisabeth, Mete Fontane in Waren – ihr Leben und ihr Tod, in: Fontane Blätter 53/1992, S. 79-105

Brügmann, Margret, Klavierspielerin ohne Klavier: Anmerkungen zu Martha Fontanes Briefen an die Eltern, in: Amsterdamer Beiträge zur neueren Germanistik, Bd. 28, Amsterdam 1989

Bauer, Karen, Fontanes Frauenfiguren. Zur literarischen Gestaltung weiblicher Charaktere im 19. Jhdt., Frankfurt a. M. 2002

D'Aprile, Iwan Michelangelo, Fontane. Ein Jahrhundert in Bewegung. Reinbek bei Hamburg 2018

Dieterle, Regina, Theodor Fontane, Biografie, München 2018

Dieterle, Regina, Vater und Tochter. Erkundungen einer erotisierten Beziehung in Leben und Werk Fontanes, (Diss.) Bern 1996

Dieterle, Regina, Im Banne des Vaters. Die Fontane'sche Familientragödie, in: Theodorus victor, hg. von Roland Berbig. Frankfurt a. M. 2000, S. 203-220

Dieterle, Regina, Theodor Fontanes Briefe an Anna und K. E. O. Fritsch, mit Briefen von Martha und Emilie Fontane, in: Fontane Blätter 89/2010

Erler, Gotthard, Das Herz bleibt immer jung. Emilie Fontane. Biographie, Berlin 2002

Erler, Gotthard (Hg.), Meine liebe Mete. Ein Briefgespräch zwischen Eltern und Tochter, Berlin 2001

Fischer-Dieskau, Dietrich, Johannes Brahms. Leben und Lieder, Berlin 2006

Fischer-Dieskau, Dietrich, Wenn Musik der Liebe Nahrung ist. Künstlerschicksale im 19. Jahrhundert, Stuttgart 1990

Fontane jr., Theodor, Erinnerungen an den Vater, in: Fontane Blätter, Bd. 3, H. 4 (20), 1974, S. 253 ff.

Gersdorff, Dagmar von, Bettina und Achim von Arnim, Berlin 1997

Gersdorff, Dagmar von, Caroline von Humboldt. Eine Biographie, Berlin 2011

Gersdorff, Dagmar von, Goethes Enkel Walther, Wolfgang und Alma, Berlin 2008

Gersdorff, Dagmar von, Königin Luise und Friedrich Wilhelm III., Berlin 1996

Goch, Marianne, Mete Fontane (1860-1917), »Danebenstehen und sich den Mund wischen...«, in: Pusch, Luise F. (Hg.), Töchter berühmter Männer. Neun biographische Porträts, Frankfurt a. M. 1988

Golz, Anita und Gotthard Erler, Die Fontanes und die Schlenthers. Neue Dokumente, in: Fontane Blätter Bd. 5, 2, 1982

Grawe, Christian und Helmuth Nürnberger (Hg.), Fontane-Handbuch, Stuttgart 2000

Gross, Gabrielle, Der Neid der Mutter auf die Tochter. Ein weibliches Konfliktfeld bei Fontane, Schnitzler, Keyserling und Thomas Mann. Bern, Berlin, Bruxelles, Frankfurt a. M., New York, Oxford, Wien 2002

Hanraths, Ulrike, Bilderfluchten. Weiblichkeitsbilder in Fontanes Romanen im Wissenschaftsdiskurs seiner Zeit, Indiana Univ. 1991

Hausen, Karin, Die Polarisierung der »Geschlechtscharaktere«. Eine Spiegelung der Dissoziation von Erwerbs- und Familienleben, Stuttgart 1976

Hehle, Christine, Von Krotoschin nach Kessin. Zu Landschaft und Mythos der Ostsee in Theodor Fontanes Roman *Effi Briest*, in: Fontane Blätter 73/2002, S. 71ff.

Heller, Gisela, »Geliebter Herzensmann ...«. Emilie und Theodor Fontane, Frankfurt a. M. 2002

Jolles, Charlotte, Theodor Fontane, Stuttgart 1993

Kahlke, Stephanie, Martha Fontane im Leben und Werk Theodor Fontanes, München 2004

Keisch, Claude, Peter-Klaus Schuster und Moritz Wullen (Hg.), Fontane und die bildende Kunst, Berlin 1998, S. 309-317

Kienbaum, Barbara, Die Frauengestalten in Theodor Fontanes Berliner Romanen, Michigan 1978

Kuhnau, Petra, Nervöse Männer – Moderne Helden. Zur Symptomatik des Geschlechterwandels bei Fontane, in: Theodor Fontane. Am Ende des Jahrhunderts, hg. von Hanna Delf von Wolzogen in Zusammenarbeit mit Helmuth Nürnberger, Paris 1991

Mende, Dirk, Frauenleben. Bemerkungen zu Fontanes »L'Adultera«, nebst Exkursen zu »Cécile« und »Effi Briest«. In: Fontane aus heutiger Sicht. Analysen und Interpretationen seines Werks, hg. von Hugo Aust, München 1980

Mittelmann, Hanni, Die Utopie des weiblichen Glücks, Bern 1980

Nürnberger, Helmuth, Fontanes Welt, Berlin 1997

Nürnberger, Helmuth, Theodor Fontane in Selbstzeugnissen u. Bilddokumenten, Reinbek 1968/2004

Ohff, Heinz, Theodor Fontane. Leben und Werk, München 1995

Ohl, Hubert, Melusine als Mythos bei Theodor Fontane, in: Helmut Koopmann (Hg.), Mythos und Mythologie in der Literatur des 19. Jahrhunderts, Frankfurt a. M. 1979, S. 289-303

Plett, Bettina, Frauenbilder, Männerperspektiven und die fragwürdige Moral, in: Fontane Blätter 68/1999

Preisendanz, Wolfgang, Theodor Fontane, Darmstadt 1985

Rasch, Wolfgang, Theodor Fontane Bibliographie. Werk und Forschung. 3 Bde. In Verbindung mit der Humboldt-Universität u. d. Theodor Fontane Archiv Potsdam, hg. von Ernst Osterkamp u. Hanna Delf von Wolzogen, Berlin/New York 2006

Reuter, H.-H., Theodor Fontane. Von Dreißig bis Achtzig. Sein Leben in seinen Briefen, München 1968

Roch, Herbert, Fontane, Berlin und das 19. Jahrhundert, Berlin 1962

Reuter, Hans-Heinrich, »Fontanes Tochter«. Zur Erstveröffentlichung ihrer Briefe, in: Sinn und Form, H. 27, 1975, S. 1297-1304

Rost, Wolfgang, Örtlichkeit und Schauplatz in Fontanes Werken, Berlin/Leipzig 1931

Schäfer, Renate, Fontanes Melusine-Motiv, in: Euphorion 56 (1962), S. 69-104

Seiler, Bernd W., Fontanes Berlin. Die Hauptstadt in seinen Romanen, Berlin 2010

Seiler, Bernd W., Fontanes Sommerfrischen, Berlin 2018

Weber, Lilo, »Fliegen und Zittern«. Hysterie in Texten von Theodor Fontane, Hedwig Dohm, Gabriele Reuter und Minna Kautsky, Bielefeld 1996

Wirth-Stockhausen, Julia und Julius Stockhausen, Der Sänger des deutschen Liedes. Nach Dokumenten seiner Zeit dargestellt. Darin: Briefe von Emilie und Theodor Fontane an Clara Stockhausen, Frankfurt a. M. 1927

Witte, Friedrich Carl, Lebenserinnerungen, 3 Bde., Rostock 1928

Ziegler, Edda, und Gotthard Erler, Theodor Fontane. Lebensraum und Phantasiewelt. Eine Biographie, Berlin 1996

Anmerkungen

1 Erler, Das Herz bleibt immer jung, S. 133
2 Sämtliche Briefe des Ehepaares Fontane werden zitiert nach: Emilie und Theodor Fontane, Der Ehebriefwechsel 1873-1898, hg. von Gotthard Erler unter Mitarbeit von Therese Erler, Große Brandenburger Ausgabe, Bände I-III, Berlin 1998
3 Die Briefe von Theodor Fontane an Mathilde von Rohr werden zitiert nach: Theodor Fontane, Sie hatte nur Liebe und Güte für mich. Briefe an Mathilde von Rohr, hg. von Gotthard Erler, Berlin 2000
4 Rosen, S. 16
5 Beintmann, S. 85
6 Erinnerungen des Sohnes Theo jr., S. 253-264
7 Wirth, S. 424
8 Fischer-Dieskau, Brahms, S. 54
9 Fischer-Dieskau, Künstlerschicksale, S. 425
10 Wirth, 10.9.1878
11 Ohff, S. 300
12 Fontanes Romane werden zitiert nach: Theodor Fontane, Romane und Erzählungen in acht Bänden, hg. von Peter Goldammer, Gotthard Erler, Anita Golz und Jürgen Jahn. Berlin/Weimar 1969; Schach von Wuthenow, S. 615
13 Erinnerungen des Sohnes Theo jr., S. 253-264
14 Engel, Eduard, Menschen und Dinge. Aus einem Leben. Hamburg 1929
15 Wirth, S. 460
16 Ellernklipp, S. 350/345
17 Das Thema »alter Mann – junge Frau« hat zu Spekulationen über Fontanes eigenes Verhältnis zu seiner Tochter geführt, das sogar als »inzestuös« interpretiert wurde. Siehe Regina Dieterle, Vater und Tochter. Erkundungen einer erotisierten Beziehung in Leben und Werk Fontanes, (Diss.) Bern 1996
18 Fontane, Tagebücher, 2, S. 102
19 Ohff, S. 369
20 Erschrecken Sie nicht..., S. 112
21 Ziegler, S. 185
22 S. Wagner-Simon, Therese, Das Urbild von Theodor Fontanes *L'Adultera*, Berlin 1992

23 Ohff, S. 323

24 Schach von Wuthenow, S. 457

25 Erler, Das Herz bleibt immer jung, S. 293

26 Dieterle, Die Tochter, S. 196

27 Gustav Müller-Grote, Meine Erinnerung an Theodor Fontane, Deutsche Rundschau, Berlin, Juli 1941

28 Erschrecken Sie nicht …, S. 248

29 Rosen, S. 50

30 Erinnerungen des Sohnes Theo jr., S. 253-264

31 Rosen, S. 322/328

32 Dieterle, Die Tochter, S. 216

33 Erler, Das Herz bleibt immer jung, S. 59

34 Ohff, S. 307

35 Fontane, Tagebücher 2, S. 219

36 Wirth, S. 470

37 Hausen, S. 385/389

38 Erler, Das Herz bleibt immer jung, S. 290

39 Seiler, Fontanes Sommerfrischen, S. 83

40 Brief v. 31.8.1880

41 Rosen, S. 57

42 Rosen, S. 21

43 Schach von Wuthenow, S. 436

44 Ebd., S. 431

45 Erler, Das Herz bleibt immer jung, S. 47

46 Rosen, S. 276

47 Erschrecken Sie nicht…, S. 108

48 Fontanes Textfragment diente dem Komponisten Detlev Glanert als Vorlage für die Oper *Oceane*, die im April 2019 an der Deutschen Oper Berlin uraufgeführt wurde. Im Programmheft schreibt Katharina Duda: »Für Detlef Glanert ist die [Martha] das Vorbild seiner Titelfigur.« (*Oceane. Ein Sommerstück für Musik in 2 Akten*. Libretto von Hans-Ulrich Treichel, frei nach *Oceane von Parceval* von Theodor Fontane, S. 38).

49 Effi Briest, S. 33

50 Hirschfeld, Georg, Erinnerungen an Theodor Fontane, Münchner Neueste Nachrichten, 29. Dezember 1919

51 Märkische Romanze. Frauenerzählungen, hg. von H. Heinrich Reuter, 1969, S. 16

52 Ohff, S. 432

53 s. Kuhnau, S. 137

54 Bentmann, S. 135

55 Märkische Romanze. Frauenerzählungen, hg. von H. Heinrich Reuter, 1969, S. 16

56 Erinnerungen des Sohnes Theo jr., S. 253-264

57 Erschrecken Sie nicht ..., S. 157

58 Ebd., S. 248

59 Erinnerungen des Sohnes Theo jr., S. 253-264

60 Hauptmann, Gerhart, Die großen Beichten, Berlin 1966, S. 669-672

61 24.9.1880

62 Heller, Herzensmann, S. 299

63 Frau Jenny Treibel, S. 513/524

64 Dieterle, Die Tochter, S. 275

65 Hirschfeld, Georg, Erinnerungen an Theodor Fontane, Münchner Neueste Nachrichten, 29. Dezember 1919

66 Theodor Fontane jr.: Freunde des Elternhauses und Verwandte, Mskrpt. im Theodor-Fontane-Archiv Potsdam

67 Paul Lindau in: Erschrecken Sie nicht, S. 186

68 Frau Jenny Treibel, S. 315 f., 317 f., 405

69 Georg Hirschfeld, Erinnerungen an Theodor Fontane. Münchner Neueste Nachrichten, 29. Dezember 1919

70 Effi Briest, S. 277

71 Theodor Fontane und Martha Fontane, Ein Familienbriefnetz, S. 831

72 Dieterle, Theodor Fontane, S. 638

73 Rosen, S. 65

74 Rosen, S. 64

75 Erler, Das Herz bleibt immer jung, S. 413

76 Nürnberger, Fontanes Welt, S. 128

77 Fontane, Tagebücher 2, S. 261

78 Erler, Das Herz bleibt immer jung, S. 255

79 In: *Berliner Zeitung* vom 16./17.2.2002

80 Ebd., S. 400

81 Wirth, S. 476

82 Erler, Das Herz bleibt immer jung, S. 304

83 Erinnerungen des Sohnes Theo jr., S. 253-264

84 Clara Viebig, Rotwein und Geschreibsel. Theodor Fontane in unbekannten Aufzeichnungen. In: Die Welt, 19.10.1974, zit. nach d'Aprile S. 366

85 Dieterle, Die Tochter, S. 295

86 Rosen, S. 21

87 Dieterle, Die Tochter, S. 315 ff.

88 Theodor Fontane und Martha Fontane, Ein Familienbriefnetz, S. 30 f.

89 Dieterle, Die Tochter, S. 332

90 Dieterle, Die Tochter, S. 337 f.

91 Ziegler, S. 204

92 Dieterle, Die Tochter, S. 368 ff.

93 Ebd., S. 370

Personenregister

Bildnachweis

akg-images, Berlin: Abb. 21 (De Agostini Picture Library)

Brahms-Institut an der Musikhochschule Lübeck, Nachlass Renate Wirth: 9, 10

Theodor Fontane-Archiv, Potsdam: 2, 3, 5, 6, 7, 12, 23, 24, 25, 27, 28, 30, 32, 34, 35, 36

Andre Kobsch, Stralsund: 20

Rheinische Friedrich-Wilhelm-Universität, Bonn: 19

Staatsarchiv Coburg, Nachlass 13, Hesekiel: 1 (Nr. 22/4d), 4 (Nr. 22/5a)

Stadtarchiv Rostock, Familie Witte: 8, 16 (Nr. 47); 17 (Nr. 44); 26, 31 (Nr. 45)

Stiftung Stadtmuseum Berlin: 22 (Inv.-Nr.: V 67/865,29,18)

Alle weiteren Abbildungen stammen aus Privatbesitz oder dem Archiv des Insel Verlags.

»Ein unvergleichliches Geschöpf«

Schiller nannte sie »ein unvergleichliches Geschöpf«, für Goethe war sie die bedeutendste Frau ihrer Zeit: Caroline von Humboldt (1766–1829). Sie war nicht nur klug, gebildet und abenteuerlustig, sondern vor allem leidenschaftlich interessiert an der Kunst und neugierig auf Menschen. Caroline von Humboldt bereiste ganz Europa, ihr Haus in Rom wurde zum gesellschaftlichen Mittelpunkt. Sie förderte die dort lebenden deutschen Künstler und sammelte mit großem Kunstverstand. Trotzdem sah die Nachwelt in ihr lange vor allem nur die mustergültige Gattin Wilhelm von Humboldts. Dagmar von Gersdorff entwirft in dieser Biographie ein neues Bild ...

Dagmar von Gersdorff, Caroline von Humboldt. Eine Biographie. insel taschenbuch 4158. Mit zahlreichen Abbildungen. 298 Seiten

Leidenschaftlich, intelligent und radikal: die Günderrode

Karoline von Günderrode (1780-1806) war eine hochbegabte Dichterin der Romantik – und eine leidenschaftliche und radikale junge Frau. Gegen die einschränkenden Lebensverhältnisse, denen sie als alleinstehende Frau unterworfen war, kämpfte sie willensstark und selbstbewusst an. Als dann aber die Beziehung zu ihrer großen Liebe zerbrach, traf sie eine folgenschwere Entscheidung.
Dagmar von Gersdorff erzählt das einzigartige und aufwühlende Schicksal der Günderrode.

Dagmar von Gersdorff, Die Erde ist mir Heimat nicht geworden. Das Leben der Karoline von Günderrode.
insel taschenbuch 4023. Mit zahlreichen Abbildungen. 283 Seiten

NF 252/1/5.15

Goethes große, geheime Liebe

Marianne von Willemer (1784-1860) war eine intelligente junge Frau und begabte Dichterin. Sie teilte nicht nur Goethes Liebe zum Orient, sondern antwortete seinen leidenschaftlichen Versen mit eigenen Liebesgedichten. Sie inspirierten sich gegenseitig in ihrem dichterischen Schaffen, als »Suleika« verfaßte sie sogar einige der schönsten Gedichte des *West-östlichen Divan*. Marianne wäre wohl zu jeder Verbindung mit Goethe bereit gewesen, aber sie war die Frau seines Freundes Johann Jakob von Willemer …

Dagmar von Gersdorff erzählt die Geschichte der beeindruckenden Marianne von Willemer – und die Geschichte ihrer großen Liebe zu Goethe.

Dagmar von Gersdorff, Marianne von Willemer und Goethe. Geschichte einer Liebe. Mit zahlreichen Abbildungen. insel taschenbuch 4059. 302 Seiten

»Der Mensch muß sich den besten Platz erwählen, und den muß er behaupten sein Leben lang.«

Sie war die Tochter des Frankfurter Stadtschultheißen Johann Wolfgang Textor, der die erst siebzehnjährige Catharina Elisabeth mit dem Juristen und Kaiserlichen Rat Johann Caspar Goethe vermählte, einem mehr als doppelt so alten, dafür wohlhabenden Privatier. Ihm gehörte auch das Haus am Hirschgraben, in dem Johann Wolfgang Goethe geboren wurde.

Vom Sohn ihrer Eigenständigkeit wegen bewundert, führte Catharina Elisabeth Goethe ein unabhängiges und selbstbestimmtes Leben.

Nach dem Tod des Ehemanns 1782 fing sie – damals höchst ungewöhnlich für eine Frau von fünfzig Jahren – ein neues Leben an. Mit dem Schauspieler Karl Ferdinand Unzelmann verbrachte sie »die glücklichste Zeit« ihres Lebens, wie sie nach der Trennung gestand.

Dagmar von Gersdorff hat das Leben dieser außergewöhnlichen Frau anhand von Quellen, Zeugnissen und bislang unveröffentlichten Dokumenten erforscht und legt ihre Recherchen in dieser Biographie vor.

Dagmar von Gersdorff, Goethes Mutter. insel taschenbuch 2925. 464 Seiten.

NF 480/1/6.19

Kabale und Liebe im europäischen Adel des 19. Jahrhunderts

Schon als Kind fand er sie bezaubernd: Prinz Wilhelm von Preußen liebte Prinzessin Elisa, Tochter des polnischen Fürsten Radziwill. Sie treffen sich in den königlichen Schlössern in Berlin, Potsdam und Schlesien und erleben »funkelnde Tage des Glücks«. Ganz Europa wartet mit Spannung auf die Heirat.

Doch nach fünf Jahren des Hoffens und Bangens verbietet der König die Verbindung, und so heiratet der Preußenprinz bald darauf Augusta von Sachsen-Weimar und wird deutscher Kaiser. Doch bis zu Wilhelms Tod stand das Bild der Geliebten vor ihm in seinem Arbeitszimmer.

Vor dem Hintergrund der Geschichte Preußens und Polens und auf der Grundlage bisher unbekannter Tagebücher und Briefe erzählt Dagmar von Gersdorff von großen Gefühlen, enttäuschten Hoffnungen und politischen Intrigen.

Dagmar von Gersdorff, Auf der ganzen Welt nur sie. Die verbotene Liebe zwischen Prinzessin Elisa Radziwill und Wilhelm von Preußen. insel taschenbuch 4393. Mit zahlreichen Abbildungen. 293 Seiten.